天才鑑定歷史檔案

十歲當官、七步成詩，

目錄

目錄

先秦

漢朝

魏晉南北朝

唐朝

宋朝

明朝

先秦

項橐——三難孔子為其師

前不久我去了一座文廟，廟裡擺放著孔子的牌位和雕像。有一個人到了廟內，對站著的孔子雕像感到很驚訝，稱平時看到的都是坐著的孔子，而這裡的孔子卻是站著的。這個疑問或許是一個謎吧。孔子站著應該是要展現他布衣教師的身分吧。所謂師者，傳道授業解惑也。每一個人都有自己的疑惑和無知，大聖人孔子也不例外。

今天要和大家談到的這個人比較特殊。他的特殊之處有幾點：一是年齡小，成名時僅僅七歲；二是智商高，連名揚天下的孔子也要甘拜下風；三是壽命短，活到十二歲就被人殺掉了。

所謂天妒英才，或許一點也不為過。那麼，具有這三大特點的傳奇人物項橐生活中到底是什麼樣子呢？為什麼年紀輕輕就能讓大名鼎鼎的孔子甘拜下風？接下來，就和筆者一起細細品味這樣一位流傳千古的傳奇人物吧。

神童誕生於荒野

大凡才子佳人大多出生在繁華鬧市，富貴人家，但是項橐比較例外，他誕生在荒山僻野，農村人家。據《汝南項氏宗譜》介紹：「項橐，字仲廉，魯人，生周敬王丁未三月

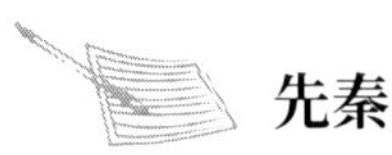

十八日。世居曲阜縣奄宅里魯城洙泗澤。」翻譯成白話文的意思就是，項橐這個人表字仲廉，春秋時魯國人，出生在周敬王丁未年（前四九四年）三月十八日。他所居住的曲阜縣奄宅里魯城洙泗澤，就是現在的山東省曲阜市境內的一個偏僻的村子。也就是說，他和孔子是同鄉。

史料記載，項橐的父母是典型的農民，靠種莊稼和織布艱難過活。雖然日子很辛苦，但是他們和鄰里關係處得很好，與世無爭，生活平靜。後來，項橐的母親魏氏在村外挖藥材，突然感到腹中墜痛，不一會兒，就生下了一個男孩。「哇——」一聲，響徹山谷，一代天才也就這樣毫無徵兆地誕生在荒野中。令人驚奇的是，項橐出生後，他的臍帶卻很堅硬，魏氏連用挖藥材的柴刀都無法將其砍斷。眼見項橐痛得哇哇大叫，魏氏無奈只能用茅草劙（ㄌㄧˊ，意為割），沒想到居然很順利地一劙兩斷了。砍掉臍帶後，魏氏抱著孩子回到了村裡，丈夫看到自己剛剛出生的兒子，開心得手舞足蹈，他將小項橐抱到懷裡親了又親，看了又看，好不喜歡。見小孩天格方圓，地格飽滿，像個小橐（口袋），項父脫口便為他取名叫項橐。

無師自達顯天才特質

小項橐出生之後，就顯現出與常人不一樣的聰明特質。他自小喜歡觀察事物，愛「打破砂鍋問到底」，提出的問題也常常令大人咋舌。有幾個例子可以看出項橐的絕頂聰明。

某一次夏天，項橐見天空電閃雷鳴，瓢潑大雨隨之而降，就問父親：「父親，天為什麼要打雷呢？」父親說：「老天爺要打雷，是為了轟劈壞人和妖怪。」項橐反問：「那壞人和妖怪難道只有夏天有，冬天就沒有了嗎？」聽了這話，他的父親張口結舌，一時也說不出個所以然來。

一次，項橐正在門口玩，忽然看到家裡的雞群咯咯亂叫東躲西藏，很是奇怪。這時，他又抬頭一看，天空中一隻老鷹正俯衝下來，正準備抓帶小雞覓食的老母雞。項橐急中生智，立即跑過前去，用左手攏住老母雞，右手扳倒一棵蠟樹條，昂頭看著俯衝下來的老鷹，突然他右手一鬆，只聽撲哧一聲，俯衝下來的老鷹就結結實實地挨了一蠟條，翻滾了幾圈，叫了幾聲，又倒倒歪歪地飛回藍天去了。小項橐就這樣利用自己的聰明，有驚無險地救下了家裡的老母雞。

還有一次，一位官員由於對項橐的聰明有所耳聞，便想親自見識一番，於是騎馬到了項橐家裡準備考考他。項橐的父母見是官員，立即找來草料幫其餵馬，隨後又熱情地問官

員想吃什麼。官員想了想，心滿意足地說：「米麵飯都行，但要二十樣菜。」

二十樣菜，這不是為難家裡一向貧困的項橐父母麼！魏氏愁眉苦臉，不知道該怎麼辦才好。這時剛好從外遊玩的項橐回來了，他見母親一籌莫展的樣子，便問到底是怎麼回事。當魏氏把事情的經過說了一遍之後，小項橐略加思索，就信心十足地說：「娘，這事簡單。妳照我說的做就行。妳去烙個大餅，用大蒜和醬拌生、熟兩盤韭菜給官差。」魏氏不解，項橐便細細解釋：「生韭熟韭，二韭（九）一十八，再加上蒜和醬，正好二十樣嘛。」母親聽後雖心裡不踏實，但也只好照辦了。等到飯菜上桌時，官員驚得目瞪口呆，對項橐的聰明才智佩服地五體投地。

難倒孔子當聖人師

以上的例子僅僅是鄉野奇談，真正令項橐成名的還是「三難孔子」，這也成為「聖人之師」的傳奇典故。

據史料記載，有一天，孔子與弟子計議東遊，他們風塵僕僕來到今碑廓鎮地境，見山川秀麗，孔子於是盡興觀賞。正當與弟子們縱興談笑、策馬東行時，見前面大道上幾個玩耍的頑童躲於路邊，唯有一個頑童立於路中不動。此童正是項橐。

子路見狀後，停車呵斥，此童還是不動。孔子在車上探身問道：「無知頑童，你擋在

路中問做什麼？」項橐見老者出言不遜，心生不快，決定要戲弄一下這些人，便說：「城池在此，你們這些車馬哪能過去？」孔子道：「城在何處？」「沒見到就在我腳下嗎？」孔子見這孩童不卑不亢，氣質非凡，便屈尊下車觀看，果見小兒立於石子擺成的「城」中，孔子笑道：「這城有什麼用？」「禦車馬軍兵。」「小兒戲言，車馬從此過，又待如何？」「城固門關，你怎麼能過？」孔子上下打量孩童，思忖道：這地方的人果真聰慧，連小兒都如此伶俐，只不過有些恃才傲慢，待吾詳察。

於是，孔子接著又問：「那又怎樣呢？」

「只有車馬躲城，哪裡有城躲車馬？」項橐回答。

孔子無言以對，遂繞「城」而過。孔子與弟子受此戲弄，怏怏不快。見路邊一農大鋤地，子路便蓄意戲問道：「農家做什麼呢？」農夫答道：「正在鋤地。」「看你忙忙碌碌，不知手中之物日抬幾度？」見農夫答不出，師徒正欲竊喜，項橐從後趕來答道：「我父年年鋤地，自知手中之物日抬幾度，先生行必乘車馬，想必知馬蹄日抬幾度？」子路啞然。孔子見小兒聰穎機敏，列國少見，非神童莫屬，便下車細察。「觀你孩童才智過人，今你我各出一題，互為應對，勝者為師，如何？」項橐道：「不可戲我。」「童叟無欺。」孔子接著說，「人生在世，皆托日月星辰之光，地生五穀，方養眾多生靈，且問小兒，天有多少星辰，地上多少五穀？」項橐答道：「天高不可丈量，地廣不能尺度，一天一夜星辰，一年一茬五穀。」稍一頓，項橐問，「人之體比地小，目之眉比天低，二眉生於目上，天天可見，人人皆知，夫子可知二眉有多少根？」孔子無對，依適才君子之約，正要問如何拜師，項橐已縱身跳入旁邊水塘中，孔子不知何故，項橐浮出水面道：「沐浴後方可行禮，夫子也來沐浴。」孔子道：「吾不曾學游，恐沉而不浮。」項橐道：「不然，鴨子不曾學游，反而浮而無沉。」「鴨有離水之毛故而不沉。」「葫蘆無離水之毛，也浮而不沉。」「葫蘆圓而且內空，故而不沉。」「鐘圓且內空，何又沉而不浮？」孔子面赤語塞。項橐沐浴畢，孔子設案行禮，拜項橐為師，打道回曲阜，從此不再東遊。

大家看了這段故事，對項橐的天才智慧徹底佩服了吧。連聰明絕頂的大聖人孔子也有被項橐難倒的時候，而當時的項橐年僅七歲，真是天下罕見。但是，這樣的天才卻沒有能夠善終，真是令人遺憾和悲傷。

盛名之下哪只是災難

自孔子拜項橐為師後，這消息很快就傳遍魯、吳、齊等國，項橐成為天下知名的人物。當時，各國都想拉攏人才，為自己服務，當知道有項橐這樣一個人，便紛紛派使者前來邀請。特別是齊國，擔心項橐被孔子所用，為魯國效命，更怕魯國有了能人，揭田氏

篡權的老底，後果將不堪設想，就採取了先禮後兵的兩面手法，妄圖拉項橐為齊國政權效勞。

項橐十二歲的那年，齊國派了一個武將帶著豐厚的禮物前來邀請項橐。項橐父母沒見過這麼大的官，當時很緊張，立即就撲通跪倒，連連磕頭說：「不知大人到我們家有何事？」武將便說明來意，希望項橐到齊國為官，享榮華富貴。項橐聽後嚴詞拒絕：「回去告訴你們的國君，項橐是莒國人，根在莒國，莒國雖亡但土猶在，無土之根則朽，項橐豈能離土！」武將一聽，便知不是同路人，立即將該消息回奏給了齊君。

「不願意為我所用，其他國也別想用，項橐你就等死吧。」齊君很氣憤，決定殺死項橐以絕後患。過了一段時間，這位武將帶著齊君的祕密指令，率領一干人馬到了曲阜，想一刀結果了項橐性命。但是，他們用刀砍殺項橐，殺了幾次卻殺不死。大家很納悶，不知是何緣故。武將便逮著項母問當時項橐的臍帶是如何割斷，項母被嚇怕了，哭著說：「刀槍不入，就怕茅草劃。」於是武將派人找來茅草，將項橐頭劃下來，很快就將屍體大卸了八塊，隨後揚長而去。就這樣，聰穎正直的項橐，為了自己的名節，誓與國家同在，在諸侯爭霸戰中被齊國所害，年僅十二歲。

項橐死後，鄉親們對他很是懷念，更被他的忠國精神所感動，便常常燒香禱告，還建了座小兒神廟，塑上小兒像，山從此叫小兒山。隨著時間的推移，小兒神演變成了聖公，又加上了老爺；像也成了白鬍子老者，小兒山也變成了聖公山。

項橐故事被史官美讚

項橐的天才智慧以及忠君報國的精神一直被後世盛傳，不少史官和學者對項橐十分讚賞，關於他的正面形象也出現在多種史料中，千古不絕，流傳至今。

大史學家司馬遷就在《史記．樗里子甘茂列傳》中透過甘羅的口吻寫道：「大項橐生七歲為孔子師。今臣生十二歲於茲矣，君其試臣，何遽叱乎？」而唐朝的大詩人吳筠也在〈高士詠．項橐〉一詩中讚美道：「太項冥虛極，微遠不可究。稟量合太初，返形寄童幼。孔父慚至理，顏生賴真授。泛然同萬流，無跡世莫覯。」

東漢大文學家王充也在《論衡．實知》中對項橐進行了盛讚，他提道：「夫項託年七歲教孔子。案七歲未入小學，而教孔子，性自知也。孔子曰：『生而知之，上也；學而知之，其次也。』夫言生而知之，不言學問，謂若項託之類也……夫無所師友，明達六藝，本不學書，得文能讀，此聖人也。不學自能，無師自達，非神如何？」大意就是盛讚項橐絕非聖人能比，聖人需要向老師同學相互學習，而項橐不學自能，無師自達，這是神仙才能做到的事。

像這樣點評盛讚項橐的典籍還有許多許多，他的傳奇故事也像一顆顆明星閃耀在歷史的長河中，光照千秋。但筆者感到很悲傷，雖然項橐因為自己的天才智慧名垂於世，但他從未真正經歷過甜美的生活，享受過燦爛的人生，這難道不是天才的悲哀所在嗎？

鬼谷子——所有教育者的導師

韓愈在《師說》中強調「古之學者必有師，師者，所以傳道授業解惑也」。作為教師，傳道授業、培養學生是他們最神聖的職責。但據新聞報導，當前的一些教授，傳道授業解惑似乎成了他們的業餘生活，而精心鑽營騙取經費卻成為其主業，這的確令人費解。如果非要對當前的教育者找一位老師的話，那麼鬼谷子先生則是他們最應該學習的榜樣。鼎鼎大名的縱橫家蘇秦、張儀，叱吒風雲的軍事天才孫臏、龐涓，均是鬼谷子的得意門生。為人師者，不僅自己通徹天地，更能培養出經天緯地之才，的確令人由衷敬佩，更令一些不務正業的教育者臉紅和汗顏。

身世是一個解不開的謎

從歷史竹簡上看，有關鬼谷子的學術地位和分量的記載在史學界並沒有多少爭議。但是，鬼谷子的身世一直是一個解不開的謎團。有人說鬼谷子姓王，名詡，是春秋戰國時期衛國朝歌（今河南省鶴壁市淇縣）人，曾擔任過楚國的丞相。也有人說，鬼谷子又名王利，號微子啟，是戰國時期魏國鄴（河北省邯鄲市臨漳縣）人，甚至還有人說鬼谷子是一個虛構的人物。唐代有一位作家司馬貞就寫了一本書名叫《史記索隱》，稱「蘇秦欲神祕其道，故假名鬼谷」，大意就是蘇秦想把自己偽裝得很神祕，就為自己編造了一個鬼谷子的老師，目的是將自己神化。這個司馬貞的作家看來是個三流文人，將《史記》中的一些蛛絲馬跡用來作為研究學說，不免過於牽強，也有些嘩眾取寵。當然，《史記》的作者司馬遷自己本人卻不是這麼認為的，他在《史記．張儀列傳》中寫道：「張儀者，魏人也。始嘗與蘇秦俱事鬼谷先生，學術。蘇秦自以不及張儀。」因為《史記》是一部正史，且著述年代離鬼谷子、蘇秦、張儀所處的年代最近，可信性應該比司馬貞的更強，再加上司馬貞又是根據《史記》中的一些細節進行的無端猜測，就更值得斟酌了。總之，可以確定的是，鬼谷子確有其人，生活在春秋戰國時期，是當時道家、縱橫家的開山鼻祖，由於他常入山採藥修道，又隱居衛國鬼谷，故自稱鬼谷先生。不少史料描述，鬼谷子先生通天徹地，人不能及。那麼鬼谷子都懂哪些學問呢？我們且看一看。「一曰數學，日星象緯，在其掌中，占往察來，言無不驗；二曰兵學，六韜三略，變化無窮，布陣行兵，鬼神不測；

三日言學，廣記多聞，明理審勢，出詞吐辯，萬口莫當；四日出世，修身養性，袪病延年，服食異引，平地飛升。」翻譯成現代的語言就是，鬼谷子是一位數學家；鬼谷子是一位軍事家，類似孫武、諸葛亮；鬼谷子是一位外交家，縱橫捭闔於列國之間；鬼谷子還是一位養生學者，要想長壽，還得找他。這樣一位神通廣大、才華橫溢的人物，又怎不讓人感覺神祕呢？

通天徹地的奇才連老師也神祕

筆者翻閱眾多史學資料，卻依舊沒有找到鬼谷子先生的老師是誰。這或許就是鬼谷子先生的另一張臉吧。他這個人，雖然寫了一本至今仍被世人崇拜的曠世奇書《鬼谷子》，但唯獨沒有交代清楚自己的身世，自己的老師是誰，苦讓後世的學者為其探索調查，真如鬼谷一樣幽深神祕，真是累煞人也。這種情況，估計也只有古代才會出現。要是當前，再神祕的人，也經不住網路上的「人肉搜索」。

既然沒有可靠的史學資料，介紹鬼谷子先生的師父是誰，那麼我們暫且用一些傳言作為參考和品讀吧。有傳言認為，鬼谷子先生的師父是大名鼎鼎的老子李耳，道家的鼻祖。原因是老子和鬼谷子生活在同一時期，兩人都是文壇大咖，又是國家公務員，一個是宰相，一個是國家圖書館館長，理所當然就會有接觸，再加上他們的思想有相似性：比如老

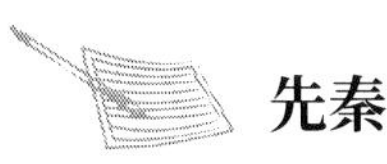

子和鬼谷子都強調不入世的觀點，老子選擇辭職遠去，而鬼谷子則選擇隱居鬼谷，都不願意久居世俗生活。這一定程度上展現了他們相同的「無為」思想。但是，鬼谷子又有他不同的地方，老子認為在遇到事情時，應該順其自然，隨遇而安，不可強求。而鬼谷子則喜歡洞察人的弱點，希望透過「主動作為」去說動別人，從而改變事情的走向，最終獲得成功。因此，兩人在思想上有繼承相通的關係，但是又有較大的差異。

另外，還有學者認為，鬼谷子的才華乃天成，就像張良那樣是偶然得到天書所致。相傳，鬼谷子得一卷竹簡，簡上寫有「天書」二字。但是，書中卻無一字，一片空白。鬼谷子心裡非常納悶，本以為得到寶貝，卻無法看到上面的文字，天書難道就是一個廢物嗎？他的心情十分沮喪，常常夜不能寐，望月而嘆。就這樣過了很久，突然有一天夜裡，鬼谷子睡不著，便起來散步，這時他看到月光下，天書閃閃發光，感到十分驚奇，便走近看個究竟。原來，天書上竟然顯露出行行似蝌蚪文的字來，閃著金光，鬼谷子這時嘆道：「真是天助我也，世傳『金書』終於顯靈了。」一時興致倍增，他坐了下來，捧著天書一口氣讀到了第二天早上，這時太陽已經日上三竿了。鬼谷子智商奇高，過目不忘，短短一晚上就能從頭至尾背誦天書。這一點一般的俗人可能學習不了，也借鑑不了。別說是天書，就是一本兒歌，要我們普通老百姓一夜之間背誦，談何容易呢。所以說，機遇是留給有準備

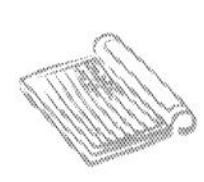

的人。天書，也不過是留給天才罷了。

這就是鬼谷子才學的淵源，「天書」則是他的老師。從此，鬼谷子有了經天緯地之才，成為春秋時鼎鼎有名的大咖。

平生最得意的弟子當屬蘇秦、張儀

學得一身本事的鬼谷子最開始並沒有當隱士，而是選擇了入世做官。那麼他做的什麼官呢，級別如何呢？據相關史料零星記載，鬼谷子曾當過楚國的宰相。這個位置，可是一人之下，萬人之上，官中極品了。但是，鬼谷子的本意並不在此。後來，他索性辭官遠去，回到了衛國的一個名叫鬼谷的小山溝，在那裡收徒教學，傳播學問。在他的眾多弟子中，最優秀的莫過於名聞天下的縱橫家蘇秦和張儀。這一點都避免不了自古的一個慣例，名師總會有高徒的。正如福樓拜有他的學生莫泊桑，施耐庵有他的學生羅貫中，魯迅有他的學生蕭紅和蕭軍等等，不勝枚舉。

蘇秦、張儀是戰國時最為耀眼的兩顆政治明星，同時又是最為出色的兩大外交家。蘇秦配著六國相印到處遊說，聯合他們共抗強秦。這個職位相當於古代諸侯國聯合祕書長。這的確有一些傳奇，一人同時擔任六個國家的宰相，在世界史上恐怕再也找不出第二個。所以，蘇秦當時在戰國時期，那是相當厲害的一個大咖。而鬼谷子的另一個高徒張儀，則憑藉著高超的智謀和辯術，迅速成為秦國的宰相，他精心瓦解了蘇秦生前所創的六國合縱，為秦國統一天下立了赫赫大功。當時張儀一手策劃了聯巴滅蜀，蜀國一滅，他又翻臉不認人，順道把盟友巴國也滅了。巴蜀被滅之後，朝廷在兩地分別設郡。秦統一後設立了三十六個郡，郡的幅員範圍也相當地大。

蘇秦和張儀，他們所採取的策略完全不同，可以說正好相反。蘇秦採用的是合縱，類似獅子捕獵講究群體戰術，去拉攏另外的獅子一起群攻大象。這一點，與動物界的王道大致相同。講述大自然的頻道中就談到，鬣狗、獅子、狼等，要想成為王，必須得有自己的盟友，有了盟友之後就有了挑戰王的資本，於是就開始為奪權做準備了，這樣就是合眾。而張儀採用的則是連橫。大象本來就很厲害，他卻採取挑撥離間、恩威並重的手段，竟拉攏一些獅子做內奸，讓獅群內鬥，最終大象漁翁得利；時機成熟時，大象還親自出馬，和獅子共同攻擊另外的獅子，從而取得戰略成功。從這一點可以看出，鬼谷子這個人教書高明，手法靈活先進，不像當前有些教授指導學生，全都是同一種模式，就像廠商生產商品一樣，都是同一個型號、規格，沒有因材施教，也沒有對學生進行個性化教育。蘇秦、張儀的成功讓鬼谷子成為神人。培養出兩個學生，就能將戰國後期各諸侯及天下形勢掌握於股掌之中，掀起巨浪滔天，實在令人嘆服。大史學家司馬遷就曾高度評價鬼谷子的學生蘇秦、張儀二人：「此兩人真傾危之士！」

用相學測算孫臏、龐涓的命運

除了蘇秦、張儀是鬼谷子的學生外，有一些史料或文學著作還提到軍事家孫臏、龐涓也是鬼谷子的學生。孫臏、龐涓的故事，大家已經很熟悉了，無論是電視劇，還是歷史小說，均有過詳細介紹。筆者只想和大家分享一段故事，以作證鬼谷子不僅能教縱橫學、軍事學，還很擅長相學。

在民間，有許多鄉村命理先生，將鬼谷子尊稱為自己的祖師爺。在他們的敘述中，鬼谷子早年在街上算卦，前來找他問鬼神的百姓次次都被他算中。由此，鬼谷子能看相算命的名聲迅速遠播，成為神人大仙。後來，鬼谷子開始傳授學問，學生中除了蘇秦、張儀外，還有孫臏、龐涓。

當時，孫臏、龐涓向鬼谷子學習的是軍事。經過鬼谷子數年的精心教導，孫臏、龐涓的學問大有長進。其中，感覺自己已經才富五車的龐涓，更是想儘早離開師父鬼谷子出去闖蕩江湖，建功立業，追求榮華富貴。

鬼谷子早已猜透龐涓的心思，卻沒有明說。有一天，龐涓下山打水時，聽說魏國正用重金訪賢聘能，他心裡別是一番滋味，想到自己學問超群，該建立功業了，按捺不住的他激動地趕回谷中找到師父鬼谷子，準備辭行。見面後，龐涓怕先生不讓他走，說話吞吞吐吐，竟沒說出個頭緒。鬼谷子心裡明鏡似的，他笑著對龐涓說：「我夜觀天象，發現你的時運來了，何不下山謀求富貴？」

龐涓一聽，覺得師父真是自己肚裡的蛔蟲，說到他心坎上了，忙跪下致謝說：「謝謝師父，弟子正有此意，但不知我這次下山後能否成功呢？」

鬼谷子看了看龐涓，頓了頓說：「你去山中摘一朵花來，我幫你占一卦！」

於是龐涓跑到山中摘花，可六月的天，花期早過了。他找了許久，也沒找到艷麗的花朵，無奈之下，便準備將一支草花帶回。於是，龐涓蹲下身子，用力將草花連根拔起，然後小跑著回去拜見鬼谷子，傷心地說：「師父，六月的天，山裡沒有花呢。」

鬼谷子問：「你袖子裡是什麼？」

龐涓只好將草花拿出：「此乃草花，花卑位賤。」

「同樣為花，何言貴賤？」鬼谷子說，「你知道這花的名字嗎？它叫馬兜鈴。一開就是十二朵，正好是你發跡的年數。採於鬼谷，見日而枯萎，你成功的地方，應該是魏國。但你會欺騙他人，也會因為欺騙他人而被他人欺騙。所以一定不可欺騙他人，否則，後果難以預料。我送給你八個字，一定要記住。」

「煩請師父賜教！」

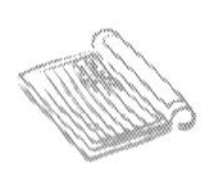

「遇羊而榮，遇馬而瘁。」

「先生的教誨，弟子定當銘之肺腑。」

這時，恰巧孫臏也在身旁，龐涓噙著淚對孫臏說：「我與孫兄有八拜之交，情同手足，這次下山，如果我能發跡，一定推薦師兄，一定與您共建大業。」

「此話當真？」

「我若失信，當死於亂箭之下！」

後來的事，大家都已經知道了。龐涓在魏國建立了不朽功勳，當了大將軍。他的師兄孫臏去投靠他，反而被龐涓所害砍掉了雙腳。後來，孫臏在齊國使者的幫助下逃到齊國，助齊國爭霸天下，也報了自己的血海深仇，在馬陵道亂箭射死了龐涓。同時也印證了鬼谷子當年的預言。

這個故事，其實我是不信的。這可能是一些相學大師為了找到自己的學問出處，便把孫臏、龐涓的命運，藉鬼谷子之口說出來，以增加其神祕性，從而為命理學找到其合理性。因此，各位讀者僅可當傳言故事一笑了之，更不必深信。

《鬼谷子》一書將其捧上神壇

《左傳》中，春秋魯國大夫叔孫豹提到，「立德」、「立功」、「立言」為人生「三不朽」。這一句話激勵了許多人，也成就了不少英雄才子。那麼以這個標準來評判鬼谷子，很顯然他幸運地占了三分之二。「立功」，鬼谷子當過楚國宰相，做官做到了最高級。「立言」上，鬼谷子更是千古絕倫，笑傲群英。學術著作《鬼谷子》為他帶來了無盡的名聲。當然，美中不足的是鬼谷子沒有去扶老奶奶過馬路，沒有拾金不昧，更沒有大公無私、死而後已。人生哪有那麼完美的事呢？能有其二已經很圓滿了。

《鬼谷子》一書，歷來被人們稱為「智慧禁果，曠世奇書」，它在中國傳統文化中頗具特色，是亂世之學說，亂世之哲學。它的哲學是實用主義的道德論，講求名利與進取，是一種講求行動的實踐哲學，其方法論是順應時勢，知權善變。《孫子兵法》側重於總體戰略，而《鬼谷子》則專於具體技巧，兩者相輔相成。這一本書有點類似於後來民國學者李宗吾寫的《厚黑學》，但其手法和技術又比李宗吾更高明、更全面。李宗吾是完全撕下了面紗，真刀實槍地去做，毫不避諱自己赤裸的狀態。而《鬼谷子》雖然也講究實用，講究不擇手段，但鬼谷子在解說這些戰略時，更注重一種格調，一種智慧。這是與《厚黑學》的顯著不同。

南朝文學理論家劉勰在《文心雕龍．諸子》就給予其高度評價：「鬼谷渺渺，每環奧義。情辨以澤，文子擅其能。」翻譯成白話文的意思就是，《鬼谷子》說理玄遠，常闡述

奧妙的意見；感情明顯而豐富，是《文子》所獨具的優點。

南宋學者高似孫在所著的《鬼谷子略》中也盛讚道：「《鬼谷子》書，其智謀，其數術，其變譎，其辭談，蓋出於戰國諸人之表。夫一闢一闔，《易》之神也；一翕一張，老氏之幾也。鬼谷之術，往往有得於闔闢翕張之外，神而明之，益至於自放潰裂而不可禦。予嘗觀於《陰符》矣，窮天之用，賊人之私，而陰謀詭祕，有金匱韜略所不可該者。而《鬼谷》盡用而洩之，其亦一代之雄乎！」在評價中，高似孫認為鬼谷子在書中主要集中表現了智謀權術、變譎辭談，這大大超出了易、老的闔闢翕張，神明自如，其陰謀詭祕更是兵家祕笈所不及，鬼谷子將各種學說、謀略瀟灑盡用，不愧為一代偉才，更是謀略梟雄。

其實，筆者並不完全認可上述兩位學者的觀點，個人認為《鬼谷子》這本謀略學巨著，是中國傳統文化中的奇葩。它集中涉獵了人的心理揣摩、演說技巧、政治謀略、兵家布陣、經商致富等領域，可以作為一本百科全書進行參考。但是，從操作層面來說，它也有缺點，由於《鬼谷子》過分講究詭計和謀略，而不推崇仁義，會使人心更為奸惡，導致社會沒有道德可言。從這個角度，我又與柳宗元的觀點一致，他認為：「《鬼谷子》後出，而險盭峭薄。恐其妄言亂世，難信，學者宜其不道……」《鬼谷子》乖戾刻薄，恐妄

言會亂世，學者不宜傳說。因此，《鬼谷子》雖是一部奇書，但筆者覺得他更適合於亂世，不應推廣於和平年代。即使在盛世中使用，也只局限於外交和經商。

不過，至於《鬼谷子》到底該如何應用，均是讀者自己個人的事，說到底都與別人無關。但是無論怎樣，鬼谷子先生的傳奇故事，卻被燦爛地流傳下來，被一代又一代人深刻銘記。

甘羅——宰相之才不在年少

提到宰相，大多數人都會認為其必定是德高望重、權貴天下的人物，他們一般都過了不惑之年，但在歷史長河中有這麼一位典型的少年宰相，任上卿之職時僅僅才十二歲。那麼，他到底是誰呢？為何如此年少卻身居高位，他又立下了什麼樣的功勞能讓他享有絕上榮耀？

自古富貴本有種

接下來，筆者要向大家介紹的人名字叫甘羅。這個人可不得了，在司馬遷《史記》中透過呂不韋的口就讚美道：「昔甘茂之孫甘羅，年少耳，然名家之子孫，諸侯皆聞之。」

這裡提到了兩條重要的資訊，一條是「諸侯皆聞之」，也就是說甘羅很出名，當時天下皆知，特別是諸侯權貴更對他十分熟悉；另一條是「甘茂之孫」，這一條就顯得更為重要了，他交代了甘羅的身世，人家是宰相甘茂的孫子。所謂王侯將相，寧有種乎？其實，有的還真沒逃出這個定律。富貴皆有種，從甘羅處或許可以得到佐證。

接下來，我們來談談甘羅的爺爺甘茂。一談到爺爺，杜甫的爺爺是杜審言，大唐「文章四友」，文學界一等一的大咖。儒學家子思，他爺爺更不得了，是我們廣為傳頌的孔子老先生。而據史料記載，甘羅的爺爺甘茂呢，他是下蔡（今安徽省潁上縣甘羅鄉）人。他曾侍奉下蔡的史舉先生，跟他學習諸子百家的學說。後來透過張儀、樗里子的引薦，甘茂得到拜見秦惠王的機會。秦惠王接見後，很喜歡甘茂，就派他帶兵，去幫助魏章奪取漢中的地區。秦惠王死後，秦武王即位。當時張儀、魏章已離開秦國，跑到東邊的魏國。不久，秦公子蜀侯輝和他的輔相陳壯謀反，秦武王就指派甘茂前去平定蜀地。返回秦國後，秦武王便任命甘茂為左丞相，任命樗里子為右丞相。而甘羅就是丞相甘茂的孫子，這麼算來，甘羅的DNA是相當好的，俗話說「富貴有種」當有一定道理。

天才年少秀「舌功」

甘羅大概出生於西元前二五六年。他的宰相爺爺甘茂去世時，甘羅才十二歲，正侍奉秦國相國、文信侯呂不韋，擔任少庶子之職。呂不韋就不用介紹了，大名鼎鼎的人物。做買賣做到了宰相，一等一的魄力和智商。那麼，少庶子是個什麼官職呢？大概意思就是幕僚家臣的意思。我們課本中學到的「毛遂自薦」，其實毛遂就是家臣。在春秋戰國，許多大人物都會養一些家臣出謀劃策，呂不韋更不例外，當時家臣數千。而甘羅則是呂不韋家裡最年輕的一位家臣。

在呂不韋家裡當幕僚，甘羅最先並沒有機會接觸秦王，直到後來的一件事，讓甘羅名揚天下。當時，呂不韋想攻打趙國以擴張河間封地，於是派蔡澤到燕國作大臣。蔡澤經過三年努力，使得燕國國君燕王喜派太子丹到秦國作人質。呂不韋準備派張唐到燕國作相國，以聯合燕國攻打趙國。張唐卻推辭說：「我曾替秦昭襄王攻打過趙國，因此趙國很怨恨我，曾揚言『誰要逮住張唐，就賞他百里方圓的土地』。現在，您讓我前往燕國必定要經過趙國，這不是讓我去送死嗎？這事我是不會做的。」

聽到張唐的拒絕後，呂不韋很生氣，但也很無奈。他一時也沒有想到辦法強迫張唐。作為幕僚的甘羅這時才十二歲，當看到呂不韋悶悶不樂的樣子，便自告奮勇地說：「丞相，我有辦法讓張唐前去。」

呂不韋看到一個乳臭未乾的小屁孩居然說大話，有些生氣，大聲呵斥道：「小子不得

狂言，我親自出馬，張唐尚且無動於衷，你一個小孩還能有什麼辦法！」

甘羅胸有成竹地辯解說：「丞相不能小看人。古時項橐七歲就當孔子的老師。如今我已十二歲，難道就不能建立一番功業嗎？」

呂不韋一聽，覺得這小孩有些見識，便單獨考驗了一下甘羅的才華，然後才抱著「死馬當活馬醫」的態度，讓甘羅去試一試。

接下來，甘羅穿戴得十分整齊，乘車去拜見張唐，他開門見山地說：「您的功勞與武安君白起相比，誰的更大？」張唐回答說：「白起在南面挫敗強大的楚國，北面施威震懾燕、趙兩國，戰則勝，攻必克，奪城取邑，不計其數，我的功勞哪裡能和他相比。」甘羅又問：「當年執掌秦政的應侯范睢與呂不韋相比，誰的權勢更大？」張唐說：「范睢不如呂不韋的權力大。」甘羅接著說：「當年范睢想攻打趙國，可白起阻攔他，結果范睢在離咸陽七里處絞死白起。現在呂不韋親自請您前往燕國任相，而您執意不肯，我真為你擔心，不知您將身死何地啊！」張唐嚇出一身冷汗，拜禮道：「謝謝您的教誨，我準備立即前往燕國！」於是，張唐便立即吩咐手下，準備車馬盤纏，擇日起程。

成功勸說張唐去燕國後，呂不韋對甘羅的才華充分認可，大為盛讚，並決定以後好好重用甘羅，為自己效力。

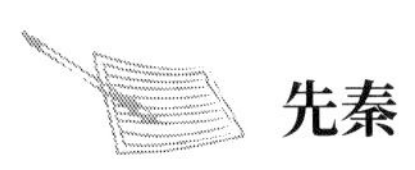

主動請纓到趙國

勸說張唐去燕國並沒有結束，甘羅接下來還做了一件大事。他居然和呂不韋主動請纓，要求派遣他先去趙國替張唐打通關節，掃除障礙。

呂不韋聽了後，覺得這小子更神奇了，居然還要代表特使前去商談國家大事。但前面已經領教過甘羅的才華，他心中有了頗多信任，便進宮把甘羅的請求報告給了秦始皇。呂不韋對嬴政介紹道：「大王，我向您推薦一個人才，他是前丞相甘茂的孫子名叫甘羅，現在年紀很小，但是名聲已經很大了，諸侯都知道他。最近張唐打算推病不去燕國，小小年紀的甘羅居然說服了他。現在甘羅願意先到趙國為張唐清除障礙，請大王答應派他去。」秦始皇聽了後，很感興趣，便親自召見甘羅，當與甘羅交談後，發現果真是一個奇才，便有意提拔甘羅。於是嬴政很爽快地答應了甘羅去趙國的請求，派了五輛馬車給他。

年僅十二歲為丞相

於是，甘羅擔任秦國的大使出使趙國。趙國國君趙悼襄王得知這消息後，便親自到郊外迎接甘羅。兩人相見，甘羅便問趙悼襄王：「趙王，您聽說過燕太子丹到秦國作人質的事嗎？」

趙悼襄王回答說：「有所耳聞。」甘羅接著問：「您聽說過張唐要到燕國任相嗎？」趙悼襄王回答說：「也有所耳聞。」甘羅接著不慌不忙地分析說：「燕太子丹到秦國來，說明燕國不敢背叛秦國。張唐到燕國任相，說明秦國不會欺辱燕國。燕秦兩國互不相欺，沒有別的原因，就是想攻打趙國，來擴大在河間一帶的領地。大王不如先送我五座城邑，來擴大秦國在河間的領地，我請求秦王送回燕太子丹，再幫助強大的趙國攻打弱小的燕國，到時所取得的土地何止五座？」趙悼襄王聽了後，覺得這買賣划算，雖捨小利，但能搞定燕國，獲得更多土地，同時還能交好秦國。於是，他立即劃出5座城邑送給了秦國。

不久後，秦國便送回了燕太子丹，趙國這時有了秦國的許諾，便有恃無恐地進攻燕國，奪得三十座城邑（一說法是三十六座城邑），同時也分給了秦國十一座城邑。

甘羅回到秦國後，秦始皇對他立下的功勞大為讚賞，親自封甘羅擔任上卿（相當於丞相）之職，並將甘茂原來的田地、房宅賜給甘羅，自此甘羅名揚天下，成為一時美談。

封建王權釀悲劇

然而，就是這樣一個天才型的人物，卻沒有得到應有的好下場，立下大功受封上卿之後，甘羅就因為一次犯忌被砍頭了。

事情大概是這樣的。由於甘羅成名後，秦王很喜歡他，常常讓甘羅陪自己下棋。有一

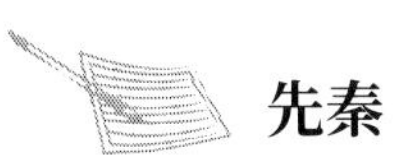

次，秦王與王后一起對弈，這時甘羅在旁邊作陪。這時，一個棋子不小心掉到了地上，甘羅便蹲下身去幫王后拾棋子，這時可能是為了惡作劇，他竟然故意捏了一下王后的腳，以示對她一貫驕橫的不滿。王后被捏腳後驚悸大叫，覺得自己受了天大的侮辱，一國之母竟然被外人捏腳，這不是奇恥大辱嗎？

於是，王后當時就強烈要求秦王斬了甘羅。秦王愛才如命，就對王后解釋說：「甘羅不是故意的，是不小心才碰到了而已，算了。」可甘羅一聽，卻急忙一字一板地糾正說：「我不是不小心，是故意捏她的腳的。」這時的甘羅，情商也夠低的，雖然天才橫溢，但不會為自己找臺階。秦王給了他臺階，他又不願意下，且對方又是高貴無比的王后。秦王無奈，在注重法治的秦國，這件事甘羅不得不依律被斬。可惜，年僅十二歲的甘羅就此撒手人寰。這在當前，似乎有些不可思議，捏一下王后的腳就要被砍頭，這是不是刑法太重了呢？後來，李白讓高力士脫靴、楊貴妃斟酒，不是應該被砍幾次了嗎？筆者不得不想起秦國短命而亡，或許就是因為刑法太苛刻了吧。

當然，甘羅的死，還有一種說法，稱他是「無疾升天」。明朝大作家馮夢龍在《東周列國志》的第一百零四回就介紹道：「甘羅早達子牙遲，遲早窮通各有時；請看春花與秋菊，時來自發不愆期……忽一夕，甘羅夢紫衣吏持天符來，言：『奉上帝命，召歸天

上。』遂無疾而卒。高才不壽，惜哉！太子丹遂留於秦矣。」《東周列國志》畢竟是歷史章回小說，雖然大多尊重歷史，但不免有虛構成分，因此將甘羅的死，託付於鬼神，蒙上一層神祕的色彩，這是封建社會的作家經常採取的特殊手法，並不可信。正如羅貫中寫《三國演義》一樣，諸葛亮再有才，但也總不至於接近於神。作者的虛構和想像，增加了小說的傳奇色彩和可讀性。

不過，筆者倒有一個大膽的想法，可能甘羅的死與呂不韋有關。最開始，甘羅就是呂不韋的一個棋子，當時的秦始皇只有十五歲，大權應該全被呂不韋掌控。秦始皇派一名小孩出使趙國，可能是為了名震諸侯，顯示秦國的強大，為統一六國先在精神上解除各國的武裝。呂不韋之所以會做出這驚人之舉，並不新鮮。當年，他就把在趙國當人質的「異人」運作成秦國的太子「子楚」，又把自己的歌姬寵妾變成了趙太后。後來，又將秦工嬴政玩弄於股掌之中，更何況僅僅十二歲的三尺頑童甘羅。甚至，有傳言稱秦始皇本身就是他的親生兒子。因此，讓甘羅出使趙國，本身就是一個大陰謀。當甘羅外交結束後，為秦國立下赫赫奇功，立即就被秦始皇封為上卿。這時的呂不韋可能有些不舒服了，一個年僅十二歲的小孩竟然轉眼間就和自己同朝為臣，地位相差無幾，的確令他有些尷尬。況且，要是甘羅哪一天將內幕洩露，不僅各國諸侯會感到被秦國愚弄，而且還會被蔡澤集團抓住把柄趁機反擊，這就可能大大削弱呂氏集團的力量。為了自己的利益，甘羅的存在也就沒有必要了。「卸磨殺驢」、「兔死狗烹」，自古就是陰謀家常用的套路。那麼，甘羅的存在完全是一個障礙，就必須讓他在世界上消失，只有這樣呂不韋的驚天祕密才永遠不被人所知。因此，甘羅可能是被呂不韋害死的。甘羅是「成也蕭何，敗也蕭何」。

當然，這僅僅是筆者一廂情願的猜測。筆者還是建議大家相信司馬遷。畢竟，在他的《史記》中沒有談到甘羅是如何死的，這就真實反映了司馬遷嚴謹的史學態度。但是司馬遷對甘羅進行了公正的評價：「甘羅年少，然出一奇計，聲稱後世。雖非篤行之君子，然亦戰國之策士也，方秦之疆時，天下尤趨謀詐哉。」司馬遷沒有正面說秦國反覆無常、背信棄義，但在字裡行間有譴責之意，可能是批評當時戰國整體不講信義，大環境讓一個少年學壞了，最終也被這種環境所害。秦國沒有保護好這個難得的少年天才，確實是我們歷史的一大遺憾。

韓非——為法家而生，卻因法家而死

在中國歷史上，提到法家思想，除了變法成功的商鞅外，就不得不提到另外一個大咖，這個人雖在變革實踐上趕不上雷厲風行的商鞅，但在理論的造詣上卻將商鞅等法家人

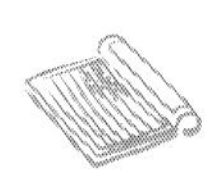

物用出了許多條街。他就是「為法家而生，卻因法家而死」的天才公子哥韓非。

他是個「公子哥」，卻做作家的事

韓非出生於西元前二八〇年，韓國都城新鄭（今河南省新鄭市）人，他的家境很好，祖上既不是平民老百姓，也不是經商大老闆。在秦國，平民老百姓不是認認真真耕種，就是安心從軍上戰場以獲取爵位。商賈之家就得拉著騾子趕著馬四海為家做些小本買賣，當然也有做大的最終富可敵國，但畢竟是少數。而韓非並不出生在這樣的寒門家境，因此就沒有必要考慮為五斗米的事。富家公子一般情況下不是安逸享樂，出去遊山玩水（比如徐霞客），就是在家裡為了權位互相爭鬥（比如隋煬帝、唐太宗），甚至還有鬧出人命的。韓非不像他們這樣，他是比較愛讀書的那一類型，甚至可以說是學霸。那麼，韓非向誰學習呢，他的老師到底是誰。這個可是有史料佐證的。司馬遷的《史記》中就特別交代了，說韓非是荀子的學生。

俗話說，名師出高徒。有荀子這樣的優秀教師，當然也極有可能會出天才學生，這樣的機率是很高的。比如鬼谷子就培養了孫臏、龐涓、蘇秦、張儀等天才學子。荀子也不例外，韓非、李斯就是他的得意高徒。韓非也不負眾望，學習相當刻苦，沒過幾年就學業有成，順利出師了。回家之後，他卻一點也不安分，竟然還開始試著創作。這個公子哥也真是閒得慌，好好的富貴生活不揮霍，竟做起作家的苦命工作，和人家司馬遷等人搶飯碗。幸虧兩人沒生活在同一個朝代，不然可能會大打出手，口吐唾沫，互不服氣。正如，李白沒有在有生之年遇到蘇東坡，王勃沒有遇到杜甫一樣。一個時代有一個時代明亮的星。

但韓非確實有那麼一手，經過冥思苦想，挑燈夜戰，啃筆頭、吞墨水，終於創作出了一本優秀的跨世紀的法學著作《韓非子》。這書一經面世，頓時「洛陽紙貴」，在整個咸陽城吸粉無數。

嬴政看後拍案叫絕　要與公子哥「同遊」

《韓非子》這本書的主要內容有〈孤憤〉、〈五蠹〉、〈說難〉、〈內外儲〉、〈說林〉等，一共四十四篇，計十萬餘言。如果要給它一個評語，我想這樣評價：「文章構思精巧，描寫大膽，於平實中見奇妙，具有警策世人的效果。同時，善於用大量淺顯的寓言故事和豐富的歷史知識作為論證資料，說明抽象的道理，形象化地展現他對社會人生的深刻認識。」不過，筆者又似乎覺得上述評論太淺顯了，《韓非子》的重要價值遠不止筆者所論的那麼微弱，因為在韓非的著作中，人家可是提到了改革富強、依法治國、中央集權、君權神授、唯物主義、辯證法等一系列觀點，這可是上升到政治與哲學的層面了，因此才有不少學者將其評價為「集法家之大成的曠世奇書」。這一點類似於一千多年後的

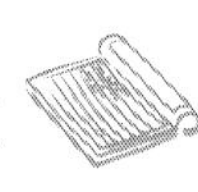

《君主論》（Il Principe），作者尼可羅．馬基維利（Niccolò Machiavelli）雖然沒有看過《韓非子》，但他們的觀點有異曲同工之妙，只不過韓非更厲害、更早、更具有前瞻性。

總之，這是一本好書是毋庸置疑的。當時，韓非寫下這本書後，除了廣受大眾好評外，就連威儀天下的始皇嬴政也是對其讚賞有加。《史記》載：「秦王見〈孤憤〉〈五蠹〉之書，曰：『嗟乎，寡人得見此人與之遊，死不恨矣！』」這一句話很有意思，始皇說，我要是能與這個作者結伴出遊討論學問，哪怕死了也是值得的。正如李白、高適、杜甫三人同遊楚地一樣，這段經歷會成為歷史的佳話。一本書影響一個人，特別是影響一國之君，更不一般。從此處可看到，當時秦王對《韓非子》一書的重視和喜歡。

有了要見韓非的想法後，秦王嬴政立刻就開始行動了。為了這個難得的奇才，他立即下令出兵攻打韓國。韓國無奈，只得派遣韓非出使秦國，商談外交之事。甘羅出使趙國是主動請纓的，晏子出使楚國是政府安排的，而韓非出使秦國卻是被逼的。這一點很有意思。弱國無外交，自古如此。

才高八斗被人妒　同學李斯下毒手

於是乎，這位公子哥便到了秦國。秦王當然很是喜歡，每天大魚大肉、好酒好茶招待

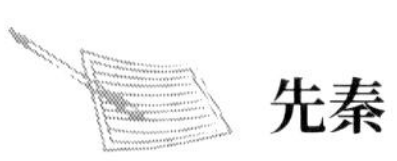

他，並準備擇期重用。最開始，韓非還是有些不情願的，有些史料說，韓非很愛國，不願意背叛韓國被秦王所用。也有一些史料說韓非其實自己願意到秦國，比如馮夢龍的《東周列國志》就說韓非是在韓國不受重用，才自告奮勇去秦國求職討口飯吃的。當然，這些並不重要，重要的是韓非到了秦國，秦王很開心，很激動，準備找機會聘用他，但由於韓非的貴族身分，心裡還是有些不放心。這就好比經商的大老闆，面對仇家的員工投奔時，畢竟還是心有芥蒂，有待觀察，萬一他是他國的臥底呢。總之，秦王雖欣賞韓非的才華，但依舊對其需要徹底評估一下。

當時的李斯是看在眼裡，急在心裡。他深知自己的才華比不上韓非，怕韓非侍奉秦王後，自己會失寵，於是想方設法阻擋這一切。這一點類似於龐涓害怕魏王寵信孫臏一樣，因為嫉妒產生了仇恨。

當時，秦王遲遲無法下定決心重用韓非，很大程度可能就是李斯在裡面搗鬼。身為韓國公子，韓非從內心深處希望既能為秦王賣力，又能使自己的國家不被消滅（韓非主張存韓滅趙），這自然與李斯提出首先將韓趙魏均滅的主張有衝突，兩人的政見相左，又因為私人原因，李斯就向秦王講了許多韓非的壞話。大概就是：「韓非是韓王的同族，是貴族身分，大王要消滅各國，韓非愛韓不愛秦，這是人之常情。如果大王決定不用韓非子，

把他放走，這是放虎歸山，對我們不利，不如把他殺掉。」秦王覺得有一定道理，在古代君王中，很多都抱有這種流氓觀點：我自己不能用，別人也別想用。比如當年，曹操不聽勸阻放掉劉備，項羽鴻門宴上放掉劉邦一樣，一時仁慈，釀成大錯。於是，聰明絕頂的秦王，沒有心慈手軟，接受了李斯的建議，把韓非抓了起來，並投進了監獄。

在牢裡的韓非還想活命，便上書向嬴政陳訴，但這時的獄卒們早已被李斯買通了，韓非的信是根本就到不了秦王手裡的。韓非絕望之下，被李斯逼迫服毒，一代天才就這麼煙消雲散了，年僅四十七歲。後來秦王後悔了，立即派人去赦免韓非，但韓非早已死了多時，屍體都爛掉了。

人雖化為黃土　思想卻永遠流傳

因為嫉妒韓非的才能，李斯將其害死在了秦國。但是，李斯並不傻，他知道《韓非子》這本書是個好東西，也知道韓非的法家思想是治國良藥，因此在以後輔佐秦王的過程中，他極力推薦法家思想，並充分運用，幫助秦國富國強兵，最終統一了六國。從這點來說，李斯人品雖有問題，論才華卻是一等一的高手。因此，成也人品，敗也人品。後來，李斯聯合趙高，篡改始皇遺囑，將秦二世輔佐成皇帝，搬起石頭砸了自己的腳。

不僅是秦國，後世的許多國家也都借鑑了韓非的理論。因為，在韓非的著作中提到了

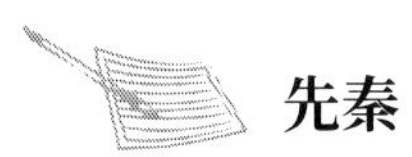

許多實用的東西，比如變法圖強觀點，就是韓非思想中的一大重要內容。他繼承了商鞅「治世不一道，便國不法古」的思想傳統，提出「不期修古，不法常可」，主張「世異則事異」，「事異則備變」（〈五蠹〉）。再比如中央集權，韓非在國家政體方面主張建立統一的中央集權的封建專制國家，並將「法」、「術」、「勢」三者結合，為封建專制服務。再比如「三綱」，雖然儒家孔子提倡「君君、臣臣、父父、子子」和孟子的「父子有親，君臣有義，夫婦有別」，但都不如韓非講得明確。《韓非子．忠孝篇》說：「臣事君，子事父，妻事夫，三者順則天下治，三者逆則天下亂，此天下之常道也。」韓非肯定臣、子、妻對君、父、夫的從屬關係，這就有了「三綱」的基本內容。

關於韓非的思想精華，不少學者提出了他們自己獨到的見解。但筆者個人認為，韓非的思想為何受封建統治者推崇，最核心的原因就是韓非首次提出了將「重法」、「重勢」、「重術」三者緊密結合的想法。法是指健全法制；勢指的是君主的權勢，要獨掌軍政大權；術指的是駕馭群臣、掌握政權、推行法令的策略和手段。勢主要是察覺、防止犯上作亂，維護君主地位，這對後世影響十分深遠。

漢朝

賈誼——不問蒼生問鬼神

賈誼無疑是最優秀最具才華的，沒有之一。只可惜，賈誼雖是文學天才，命運卻不佳，一句「不問蒼生問鬼神」就將他的人生永遠定格在「懷才不遇，英年早逝」的歷史竹簡中，空令多少士子英雄嘆息。然而，筆者認為賈誼並非是「懷才不遇」，而是「懷才有遇」卻不善應對罷了。

年少成名天下知

漢高祖七年（西元前二〇〇年），賈誼出生於洛陽，少有才名，師從荀況學生張蒼。至於賈誼的父親是何許人也，筆者翻閱了一些資料，暫時未能查到，不過可以肯定的是，賈誼很小就因為文章寫得好在故鄉出名了。在古代，能讀書習字，家裡條件一般都不會差，比如李白、杜甫、王維、蘇軾等均如此。

漢高后五年（西元前一八三年），賈誼還不到十八歲，因為寫了很多富有才學的詩文，名聲遠播，成為名噪一時的文壇新星。年輕而又有名聲，一般都會得到權貴的青睞，賈誼也是如此。這一年，河南的郡守吳公將其招致門下，讓賈誼做自己的幕僚。在古代，地方官員是可以直接任用中下層官吏的，不像現在還需要參加公務員考試。賈誼在這樣的背景下，以十八歲的低齡就成為令人羨慕的「國家公務員」，應該還是「管理階層」。賈誼也不負吳公期望，辦事認真刻苦，工作兢兢業業，在他的輔佐下，吳公在治理河南郡上成績卓著，社會安定，時評天下第一。吳公自然也因為卓越的政績，得到了上級的好評和重用，很快就擢升為廷尉，而賈誼的聲名更是響亮起來，甚至被當時的漢文帝所聞知。

不久，漢文帝便親自接見賈誼，委以博士之職。這一點和李白不一樣，李白是透過多人推薦，僅以詩才受到皇帝接見。而賈誼不僅靠文采，還有政治才能。另外，年齡也不一樣，李白被召見時已經四十歲出頭了，而當時賈誼才二十一歲，在西漢所聘博士中年紀最輕。

出任博士期間，每逢皇帝出題讓大臣討論，才華橫溢的賈誼每每有精闢見解，應答如流，獲得當時同儕的一致讚許，大家對這位年輕才子有了許多喜愛。漢文帝也是非常欣賞，多次破格提拔，一年之內就將賈誼升任為太中大夫（從四品），這一年他也才二十二歲，已是奇蹟中的奇蹟了。蒲松齡六十多歲都還沒考上舉人，副縣級也沒當上。雖然，文采上蒲松齡和賈誼各有千秋，難分上下，級別上卻差距甚遠。這就是天才和人才的區別吧。

明知不可為而為之

凡是天才文學家，似乎都有一個毛病，就是一旦讓他當上了諫官，他就真會正經地提出很多有見地的建議，哪怕皇帝們不高興不待見，哪怕冒著殺頭的生命危險，哪怕被開除公職，他們也前赴後繼。比如，杜甫當了左拾遺，一整天就像蚊子一樣在唐肅宗面前提意見，多次得罪皇帝。白居易也如此，當了諫官後，連皇帝收禮品或提拔一下心腹，他也得管一管。更有甚者，就是明朝第一文人的楊升庵，更是帶領一幫人在朝廷之上對皇帝提建議，不聽還不停止，最後惹怒了皇帝，被流放雲南，蹉跎一生，這樣的代價也太大了。賈誼和他們有著相同的臭脾氣，剛給了他一個虛職，他就開始認認真真為漢文帝出謀劃策了。據史料記載，漢文帝元年，賈誼自己以儒學與五行學說設計了一整套漢代禮儀制度，主張「改正朔、易服色、制法度、興禮樂」，以進一步代替秦制，從而實現禮制改革，內容詳見〈論定制度興禮樂疏〉一文。但是，賈誼或許太天真了，這一年是漢元帝元年，什麼是元年，就是當皇帝第一年。文帝自己的屁股都沒有坐熱，對下面的官員都還沒了解透徹，怎麼可能立刻開始改革得罪權貴呢。在這樣的情況下，能進行改革的只有兩種人，一種是開國皇帝，一種是政治強人，而漢文帝恰好兩樣都不是。果然不出所料，文帝認為條件還不成熟，並沒有採納賈誼的建議。

上一次的教訓還沒吸取，又過了一年，賈誼的嘴又癢癢了。西元前一七八年，他針對當時「背本趨末」（棄農經商）、「淫侈之風，日日以長」的現象，又上〈論積貯疏〉，提出重農抑商的經濟政策，主張發展農業生產，加強糧食儲備，預防饑荒，增強國力。〈論積貯疏〉原文如下：

管子曰：「倉廩實而知禮節。」民不足而可治者，自古及今，未之嘗聞。古之人曰：「一夫不耕，或受之饑；一女不織，或受之寒。」生之有時，而用之亡度，則物力必屈。古之治天下，至孅至悉也，故其畜積足恃。

今背本而趨末，食者甚眾，是天下之大殘也；淫侈之俗，日日以長，是天下之大賊也。殘賊公行，莫之或止；大命將泛，莫之振救。生之者甚少，而靡之者甚多，天下財產何得不蹶！漢之為漢，幾四十年矣，公私之積，猶可哀痛。失時不雨，民且狼顧；歲惡不入，請賣爵子，既聞耳矣。安有為天下阽危者若是而上不驚者？

世之有饑穰，天之行也，禹、湯被之矣。即不幸有方二三千里之旱，國胡以相恤？卒然邊境有急，數千百萬之眾，國胡以饋之？兵旱相乘，天下大屈，有勇力者聚徒而衡擊，罷夫羸老易子而咬其骨。政治未畢通也，遠方之能疑者，並舉而爭起矣。乃駭而圖之，豈將有及乎？

夫積貯者，天下之大命也。苟粟多而財有餘，何為而不成？以攻則取，以守則固，以戰則勝。懷敵附遠，何招而不至？今驅民而歸之農，皆著於本；使天下各食其力，

末技遊食之民，轉而緣南畝，則畜積足而人樂其所矣。可以為富安天下，而直為此廩廩也，竊為陛下惜之！

這一年，漢文帝屁股坐熱了，下面的官員差不多也開始聽話了。這個建議的進行也不是太難，於是漢文帝便採納了他的建議，開始「小試牛刀」下令鼓勵農業生產，進行輕微的改革舉措。

權貴集團惹不起

有了上一次的成功進諫，賈誼頓時有了精神，又開始思考起許多改革建議。其中，有一條建議，讓他徹底得罪了權貴集團，損害了他們的利益。這一條改革建議就是，在政治上，賈誼向漢文帝提出遣送列侯離開京城，到自己封地的措施，希望借此穩固皇權，削弱列侯勢力，讓他們互相不能團結，從而維護漢家天下的統治。

這一條建議漢文帝心裡是很想採納的，於是他便考慮著提拔賈誼擔任公卿之職，有利於開展改革工作。但他哪裡知道，當時的周勃、灌嬰、張相如、馮敬等人都對賈誼很不滿，認為這個二十多歲的年輕人真是喜歡找事做，不僅要擔任公卿，還要專權改革，便進言誹謗賈誼「年少初學，專欲擅權，紛亂諸事」。周勃等人對賈誼最開始還是很讚賞喜歡

的，畢竟是個年少才子。但後面為什麼排擠他呢，我想有兩個原因，一是賈誼升職太快，二十二歲當高官，還沒過幾年，就差點要被提拔為公卿（一品），人家周勃奮鬥一輩子，十年戰場拋熱血砍人頭，才換回了一個侯，而賈誼憑幾條建議、幾篇文章就輕易得到了，這不讓周勃等人感到難堪嗎？二是賈誼既然得到了高位，卻不知足還要繼續改革削減列侯利益，從私人角度看，列侯們並沒有影響賈誼的利益，只是對皇權有衝擊，賈誼是為文帝著急而主動提出改革的。這兩條原因足以讓賈誼的改革遭遇巨大的阻攔。果然，漢文帝迫於列侯們的壓力，不得不逐漸疏遠賈誼，不再採納他的意見。這有點類似於漢朝的另一位才子主父偃，當時也是提議改革得罪諸王，最後不幸做了替死鬼。但是，我們不能否定賈誼和主父偃，有兩句話「在其位，謀其政」、「士為知己者死」，從大局的角度看，賈誼的做法是對的，只是他沒有採取迂迴委婉的方式罷了。

果然，漢文帝經不住權貴利益集團的狂轟濫炸，不得不在西元前一七六年便將二十五歲的賈誼外放為長沙王太傅。

兩篇大賦驚帝王

湖南長沙在東漢是偏遠蠻荒之地，離帝都長安可是有數千里之遙。賈誼帶著鬱悶的心情往長沙趕去，在途經湘江時，他有感而發寫下〈弔屈原賦〉，並抒發自己的怨憤之情。

〈弔屈原賦〉原文如下：

誼為長沙王太傅，既以謫去，意不自得；及渡湘水，為賦以弔屈原。屈原，楚賢臣也。被讒放逐，作〈離騷〉賦，其終篇曰：「已矣哉！國無人兮，莫我知也。」遂自投汨羅而死。誼追傷之，因自喻，其辭曰：恭承嘉惠兮，俟罪長沙；側聞屈原兮，自沉汨羅。造託湘流兮，敬弔先生；遭世罔極兮，乃殞厥身。嗚呼哀哉！逢時不祥。鸞鳳伏竄兮，鴟梟翱翔。闒茸尊顯兮，讒諛得志；賢聖逆曳兮，方正倒植。世謂隨、夷為溷兮，謂跖、蹻為廉；莫邪為鈍兮，鉛刀為銛。吁嗟默默，生之無故兮；斡棄周鼎，寶康瓠兮。騰駕罷牛，驂蹇驢兮；驥垂兩耳，服鹽車兮。章甫薦履，漸不可久兮；嗟苦先生，獨離此咎兮。訊曰：已矣！國其莫我知兮，獨壹鬱其誰語？鳳漂漂其高逝兮，固自引而遠去。襲九淵之神龍兮，沕深潛以自珍；偭蟂獺以隱處兮，夫豈從蝦與蛭螾？所貴聖人之神德兮，遠濁世而自藏；使騏驥可得系而羈兮，豈云異夫犬羊？般紛紛其離此尤兮，亦夫子之故也。歷九州而其君兮，何必懷此都也？鳳凰翔於千仞兮，覽德輝而下之；見細德之險徵兮，遙曾擊而去之。彼尋常之汙瀆兮，豈能容夫吞舟之巨魚？橫江湖之鱣鯨兮，固將制於螻蟻。

〈弔屈原賦〉描寫了一個善惡顛倒、是非混淆的黑暗世界，表現出對屈原深深的同情。作者也流露出對自己無辜遭貶的憤慨，但他不贊同屈原的以身殉國，認為屈原最終的不幸在於他未能「自引而遠去」。此賦是漢初文壇的重要作品，是以騷體寫成的抒懷之作，也是漢人最早的弔屈之作，開漢代辭賦家追懷屈原的先例。描寫賦史的書中說道：「〈弔屈原賦〉在體制上雖上承〈九章〉，但前一段連用許多排比句，第二段多用反詰句和感嘆句，形成一種鋪張揚厲的風格，與他的名文〈過秦論〉相似，具有戰國策士說辭那種雄辯的餘風。」

當長沙王太傅的第三年，有一隻貓頭鷹飛入房間。舊時，貓頭鷹被視為不吉祥之鳥。賈誼由於被貶，本已失落，又見貓頭鷹，心情更是哀傷，便作了〈鵩鳥賦〉，以此抒發自己憂憤不平的情緒。

〈鵩鳥賦（並序）〉原文如下：

誼為長沙王傅三年，有鵩飛入誼舍。鵩似鴞，不祥鳥也。誼即以謫居長沙，長沙卑溼，誼自傷悼，以為壽不得長，乃為賦以自廣也。其辭曰：單閼之歲兮，四月孟夏，庚子日斜兮，鵩集予舍。止於坐隅兮，貌甚閒暇。異物來萃兮，私怪其故。發書占之兮，讖言其度，曰：「野鳥入室兮，主人將去。」請問於鵩兮：「予去何之？吉乎告我，凶言其災。淹速之度兮，語予其期。」鵩乃嘆息，舉首奮翼；口不能言，請對以臆：「萬物變化兮，固無休息。斡流而遷兮，或推而還。形氣轉續兮，變化而嬗。沕穆無窮兮，胡可勝言！禍兮福所倚，福兮禍所伏；憂喜聚門兮，吉凶同域。彼吳強大兮，夫差以

敗;越棲會稽兮,勾踐霸世。斯游遂成兮,卒被五刑;傅說胥靡兮,乃相武丁。夫禍之與福兮,何異糾纆;命不可說兮,孰知其極!水激則旱兮,矢激則遠;萬物回薄兮,振盪相轉。雲蒸雨降兮,糾錯相紛;大鈞播物兮,坱圠無垠。天不可與慮兮,道不可與謀;遲速有命兮,焉識其時!且夫天地為爐兮,造化為工;陰陽為炭兮,萬物為銅。合散消息兮,安有常則?千變萬化兮,未始有極!忽然為人兮,何足控摶;化為異物兮,又何足患!小智自私兮,賤彼貴我;達人大觀兮,物無不可。貪夫徇財兮,烈士殉名。誇者死權兮,品庶每生。怵迫之徒兮,或趨西東;大人不曲兮,意變齊同。愚士系俗兮,僒若囚拘;至人遺物兮,獨與道俱。眾人惑惑兮,好惡積億;真人恬漠兮,獨與道息。釋智遺形兮,超然自喪;寥廓忽荒兮,與道翱翔。乘流則逝兮,得坻則止;縱軀委命兮,不私與己。其生兮若浮,其死兮若休;澹乎若深淵之靜,泛乎若不系之舟。不以生故自寶兮,養空而浮;德人無累兮,知命不憂。細故蔕芥,何足以疑!

此賦借與鵩鳥問答以抒發了自己憂憤不平的情緒,並以老莊的齊生死、等禍福的思想以自我解脫。全賦情理交融,文筆瀟灑,格調深沉。作者因物興感,由感生理,由理見情,且筆力勁健,一氣呵成。

漢代史學家、文學家司馬遷云:「讀〈鵩鳥賦〉,同死生,輕去就,又爽然自失矣!」(《史記.屈原賈生列傳第二十四》)文學家聞一多稱譽此賦為「哲學之詩」。

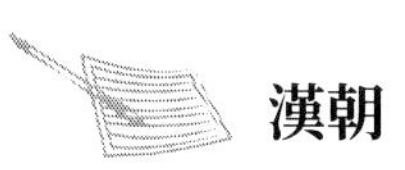

賈誼的兩篇賦傳到了京城，漢文帝本身就很想念賈誼，便下令徵召他入京，於未央宮祭神的宣室接見了賈誼。兩人相見，悲喜連連。漢文帝因對鬼神之事有所感觸，當即向賈誼詢問鬼神的原本。賈誼詳細講述了其中的道理，一直談到深夜，漢文帝聽到不覺移坐到席的前端。談論完了，漢文帝說：「我很久沒看到賈生了，自以為超過他了，今天看來，還比不上他啊。」這就是李商隱那首著名的七絕〈賈生〉的出處：「宣室求賢訪逐臣，賈生才調更無倫。可憐夜半虛前席，不問蒼生問鬼神。」筆者卻認為，李商隱有些片面，他過分強調賈誼無與倫比的才華，把「不能用人」的板子重重地打在漢文帝身上，這是有失偏頗的。賈誼並沒有像其他落魄才子一樣，一輩子也沒有見到皇帝，而賈誼二十二歲就面見聖上，並擔任高官，已是千里馬遇伯樂了。只是，他這匹千里馬沒有繫好繩子，跑偏了。

英年早逝空嘆息

回到長安後，賈誼又被任命為梁懷王太傅。《史記．梁孝王世家第二十八》記載：「初，武為淮陽王十年，而梁王勝卒，諡為梁懷王。懷王最少子，愛幸異於他子。」這個梁懷王是漢文帝最小的兒子，名叫劉勝，最受文帝寵愛。文帝封賈誼為懷王太傅，應該是有深意的，可能是為了進一步鍾鍊賈誼吧，畢竟賈誼這時才二十八歲。在當梁懷王太傅

時，賈誼又有了提建議的興致，多次上疏陳述政事，比如〈治安策〉等。

〈治安策〉這篇文章論及文帝時潛在或明顯的多種社會危機，包括「可為痛哭者一，可為流涕者二，可為長嘆息者六」等眾多嚴重問題，涉及中央與地方諸侯之間、漢廷與北方少數民族之間，以及社會各階層之間的種種矛盾。針對這令人憂心的一切，賈誼富有針對性地一一指明相應對策和補救措施，全文共計一萬餘字，要是翻譯成白話文至少兩萬字，全文汪洋恣肆，妙語橫絕，其思想境界超越凡人，限於篇幅不再複製原文，但可以引用一兩句與讀者們分享，比如：「上設廉禮義以遇其臣，而臣不以節行報其上者，則非人類也。故化成俗定，則為人臣者主耳忘身，國耳忘家，公耳忘私，利不苟就，害不苟去，唯義所在。上之化也，故父兄之臣誠死宗廟，法度之臣誠死社稷，輔翼之臣誠死君上，守圄捍敵之臣誠死城郭封疆。故曰聖人有金城者，比物此志也。彼且為我死，故吾得與之俱生；彼且為我亡，故吾得與之俱存；夫將為我危，故吾得與之皆安。顧行而忘利，守節而仗義，故可以託不御之權，可以寄六尺之孤。此厲廉恥行禮誼之所致也，主上何喪焉！此之不為，而顧彼之久行，故曰可為長太息者此也。」文學家魯迅曾贊曰：「西漢鴻文，沾溉後人，其澤甚遠。」

漢文帝十一年（前一六九年），賈誼三十二歲，隨梁懷王入朝，梁王劉勝墜馬而死，賈誼感到自己身為太傅，沒有盡到責任，深深自責，經常哭泣，不久便憂鬱而死了。一代文學天才，沒有良好的心理調適，受到了一些挫折，就無法再爬起來，實則度量太小而已。這時，我倒贊同蘇東坡的觀點：「賈生，王者之佐，而不能自用其才也。賈生志大而量小，才有餘而識不足也。」

魏晉南北朝

曹植——天下文才共一石，他獨占八斗

在中國漢魏時期，有這麼一位才子，他既是王侯之子，又是青年才俊，其天賦才情無與倫比。大詩人謝靈運對其甘拜下風，稱讚曹植：「魏晉以來，天下的文學之才共有一石（一種容量單位，一石等於十斗），其中曹植獨占八斗，我得一斗，天下其他的人共分一斗。」李白也說：「曹植為建安之雄才，惟堪捧駕，天下豪俊，翕然趨風，白之不敏，竊慕高論。」而大宋學者張戒也贊曰：「子建詩，微婉之情，灑落之韻，抑揚頓挫之氣，固不可以優劣論也。古今詩人推陳王及古詩第一，此乃不易之論。」那麼，曹植何以能引起天下才子推崇，他又經歷了怎樣的人生呢？

生於富貴家　才華滿京華

提到曹植的身世，的確會令多少才子佳人倍生羨慕，比起李白、杜甫、王維、孟浩然等有過之而無不及，他是生在蜜罐裡長大的。曹植的父親是曹操，這個人物不用介紹了，說他家喻戶曉一點也不為過。就連現在我們也常常以他名傳播，比如「說曹操，曹操就到」，曹操的名，曹操的貴，幫曹植打下了堅實的背景基礎。

初平三年（一九二年），曹植出生於東武陽縣（今山東省陽穀縣西）。曹植是曹操與

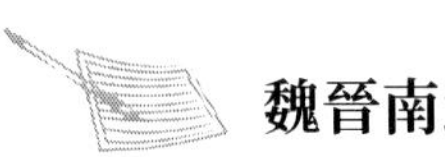

卞夫人所生第三子（卞夫人為曹操生了四個兒子：丕、彰、植、熊）。能出生在這樣的家庭，是一般人所不能比的。出生之後，曹植從小就表現出了極高的天賦，聰慧過人，十歲出頭就能誦讀《詩經》、《論語》及先秦兩漢辭賦，諸子百家也曾廣泛涉獵。這點與天才司馬光有些類似，他七歲就能背誦《左氏春秋》，還能講明白書中的要意。因此，天才似乎都有著相似的童年，相似的驚人天賦。由於思路敏捷，談鋒健銳，常常能自如應對，脫口成章，曹操對曹植也很是喜歡，著力培養。

曾有一次，曹操看到年幼的曹植所寫的文章，心裡十分驚訝，又有些懷疑，便問他：「這文章是你請人代寫的吧？」曹植沉著地回答道：「話說出口就是論，下筆就成文章，只要當面考試就知道了，何必請人代作呢！」曹操聽了兒子自信滿滿的話，對他更是憐愛了。

建安十二年（二〇七年）九月，十六歲的曹植隨父北征柳城（今遼寧朝陽），他寫了〈白馬篇〉反映隨父征戰的情況。該詩以曲折動人的情節，描寫邊塞遊俠捐軀赴難、奮不顧身的英勇行為，塑造了邊疆地區一位武藝高超、渴望衛國立功甚至不惜犧牲生命的遊俠少年形象，表達了詩人建功立業的強烈願望。這篇詩文得到了許多文人學者的盛讚，其中學者方東樹就贊曰：「此篇奇警。後來杜公〈出塞〉諸什，實脫胎於此。」

〈白馬篇〉原文如下：

白馬飾金羈，連翩西北馳。借問誰家子，幽並遊俠兒。
少小去鄉邑，揚聲沙漠垂。宿昔秉良弓，楛矢何參差。
控弦破左的，右發摧月支。仰手接飛猱，俯身散馬蹄。
狡捷過猴猿，勇剽若豹螭。邊城多警急，虜騎數遷移。
羽檄從北來，厲馬登高堤。長驅蹈匈奴，左顧凌鮮卑。
棄身鋒刃端，性命安可懷？父母且不顧，何言子與妻！
名編壯士籍，不得中顧私。捐軀赴國難，視死忽如歸！

讀到該詩，筆者不禁想起了大唐天才詩人白居易，他也是在十六歲時寫下了〈賦得古原草送別〉：

離離原上草，一歲一枯榮。
野火燒不盡，春風吹又生。
遠芳侵古道，晴翠接荒城。
又送王孫去，萋萋滿別情。

兩位文學天才十六歲已寫下了名垂後世的作品，怎不令後來的文人士子自嘆弗如呢？

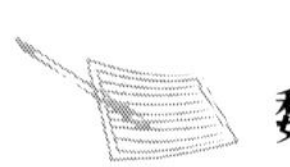

曹操看了〈白馬篇〉後，十分讚賞，逢人便誇耀這個聰慧的兒子，曹植的名聲也因此遠播開來，成為京都鼎鼎有名的神童少年。

詩賦絕無倫　受寵更馳騁

建安十五年（二一〇年），曹操在鄴城建好了銅雀臺，便召集文人雅士「登臺為賦」，十九歲的曹植也受邀其中。當時，眾人紛紛冥思苦想，面有難色。而這時的曹植略加思索，隨即提筆一揮而就，第一個上臺交卷，其文曰〈登臺賦〉，內容如下：

> 從明後之嬉遊兮，聊登臺以娛情。見天府之廣開兮，觀聖德之所營。建高殿之嵯峨兮，浮雙闕乎太清。立沖天之華觀兮，連飛閣乎西城。臨漳川之長流兮，望眾果之滋榮。仰春風之和穆兮，聽百鳥之悲鳴。天功怛其既立兮，家願得而獲呈。揚仁化於宇內兮，盡肅恭於上京。雖桓文之為盛兮，豈足方乎聖明。休矣美矣，惠澤遠揚。翼佐皇家兮，寧彼四方。同天地之矩量兮，齊日月之輝光。永貴尊而無極兮，等年壽於東王。

寫〈登臺賦〉的背景，有點類似於王勃當年寫〈滕王閣序〉，大家都還在冥思苦想時，曹植文思泉湧，一揮而就，並技壓群芳，奪得文魁。自此之後，曹操對曹植寄予厚望，認為他將是自己最有成就的兒子。不久之後，曹操就將曹植封為臨淄侯。一篇文章就

能封侯，這與寒門比起來有多大的區別呀。李廣戰場拚殺一輩子也沒能封侯，留下終生遺憾。這一點看，出身是相當重要的。

曹植封侯這一年，才二十三歲。當時曹操正東征孫權，令曹植留守鄴城，臨走時告誡他：「當年我擔任頓丘令時二十三歲，對當時的所作所為，至今都不曾後悔。如今你也是二十三歲，更應該發奮圖強！」可見，曹植在當時受到了父親的極大寵幸，有好幾次曹操幾乎都要立他為世子，其勢頭十分猛烈。

因為有才受到曹操重視，當時的知名學者丁儀、丁廙、楊修等人都爭著前來輔佐曹植，希望能幫助他一起建功立業，匡扶天下，同時也為自己找到伯樂，他們對未來充滿了無限的憧憬。

浪蕩且不羈　可嘆丟世子

或許由於受到了太多的寵愛，也或許是上天給了曹植過多的文采，終於，沒過多久這位英俊少年就因為浪蕩不羈的自由天性，遺憾失去了世子之位。

建安二十二年（二一七年），曹植在曹操外出期間，借著酒興私自坐著王室的車馬，擅開王宮大門司馬門，在只有帝王舉行典禮才能行走的禁道上縱情馳騁，一直遊樂到金門，他早把曹操的法令忘到九霄雲外去了。曹操得知後大怒，立即處死了掌管王室車馬的公車令。

自從這事之後，曹操加重了對諸侯的法規禁令，曹植也因為這件違法的事，而日漸失去曹操的信任和寵愛。當年十月，曹操終於下定了決心，召令自己的兒子曹丕為世子。從此，曹植告別了昂揚奮發的人生階段，陷入難以自拔的苦悶和濃郁的悲愁中。由於過分的悲痛，讓曹植一蹶不振，就連建安二十四年（二一九年），他的兄弟曹仁為關羽所困，曹操讓曹植擔任南中郎將，行征虜將軍，帶兵解救曹仁，命令發布後，曹植竟喝得酩酊大醉不能受命。自那之後，曹操對他徹底失望，再也沒有重用過他。

七步能成詩　驚為天上神

曹丕承襲王位後，對曹植提心吊膽，處處防備。因為，他深知曹植的才華遠高於自己，當年要不是曹植自甘墮落，醉酒誤事，王位可能就打了水漂。但既然自己現在當上了高貴的魏王，對於天資非凡的曹植，當然就要好好修理一番了，甚至還想殺了曹植以絕後患。

得知曹丕的想法後，曹植也顧不得飲酒了，立即騎馬外逃。曹丕隨即就派人快馬追趕，在郭莊追上了狼狽的曹植並押解回朝。

曹丕陰狠地對曹植說：「有人告你陰謀作亂，我本來是不相信的。沒想到，你卻畏

罪潛逃，說明你做賊心虛。今天本該殺你，但念手足之情，再給你一次活命的機會。天下皆知你文采出眾，能詩善文，那就當著眾人的面，在七步之內吟詩一首。吟出，就免你一死。」對於這樣的要求，曹丕擺明是鐵了心要殺曹植的。七步成詩根本就是天方夜譚，即使曹植才高八斗，也不可能短時間完成。

隨後，曹丕便開始出題，他見一個麻臉將軍挎馬持刀站在旁邊，便冷笑一聲說：「就以麻臉為題，但不準出現『麻、點、坑、凹』四字。」說完，他環視眾人，面露得意之色。曹植聽後，不慌不忙，七步之內吟出一首詩來：「沙灘下大雨，新鞋踩硬泥。豆包去了餡，翻看石榴皮。」

詩一吟出，自以為得意的曹丕不禁愕然，不由自主地「嗯」了一聲。

曹植以為已過關，便起身準備離去。曹丕又板起面孔說：「剛才那詩太粗俗，需以瘸腿為題再作一首方可，但不得出現『瘸、踮、拐、短』四字。」曹植聽後，不慌不忙，又吟詩一首：「走路風擺柳，站立刻歇蹄。坐下一邊倒，睡覺腳不齊。」

曹丕聽後，心中大驚，一時沒有言語。過了一會，又強詞奪理地說：「兩首詩都欠文雅，現在你再以同胞兄弟為題，吟詩一首，不得用兄弟、手足、同胞、你我之詞。」曹植見曹丕一而再、再而三地糾纏威逼，便強壓心中怒火說：「王兄再三追逼，多次限制條件作詩，這次作成，能赦否？」曹丕眉頭緊皺，遲疑片刻，狠狠地說：「赦！」

隨後，只見曹植從容不迫，一步一吟，不足七步又吟出一首世代流傳的千古佳句：「煮豆燃豆萁，豆在釜中泣。本是同根生，相煎何太急。」

滿懷殺機的曹丕理屈詞窮，悻悻地長嘆一口氣。為便於時刻監視曹植，曹丕將他就地封為雍丘王。以上七步詩的出處在劉義慶《世說新語》和陳壽的《三國志》等史料中。

佳人難再得　創作〈洛神賦〉

自此以後，曹植雖然保住了性命，卻時刻遭受著曹丕的防範與打壓，也多次被改封外地。黃初二年（二二一年），三十歲的曹植被徙封安鄉侯（今河北省晉州市侯城），邑八百戶；當年七月又改封鄄城侯（今山東省鄄城縣），是年作〈野田黃雀行〉。

黃初三年（二二二年）四月，三十一歲的曹植被封為鄄城王，邑二千五百戶，也就是在這次被封王之後回鄄城的途中，他寫下了著名的〈洛神賦〉。

這個洛神是誰呢，她名叫甄宓，是曹丕的妃子。如果劇情這麼簡單就不會有曹植的〈洛神賦〉了，肯定還是大有曲折的。據〈文昭甄皇后傳〉載：甄宓乃中山無極人，上蔡令甄逸之女。建安年間，她嫁給袁紹的兒子袁熙。沒想到官渡之戰後，袁紹兵敗病死，甄宓成了曹軍的俘虜。這時，曹丕先入袁府，見到甄宓姿貌絕倫，便將其納為妃子。然

而，據史料傳說，甄宓在與曹丕見面之前，就與曹植見過面，並且兩人一見鍾情，兩心暗許。當時在洛河神祠，曹植將自己的白馬送給了甄宓，幫助她逃返鄴城。而甄宓也將自己的玉佩贈給了曹植以示感謝，兩人私下相愛。

當曹丕納了甄宓，曹植心中的苦有誰知呢。而曹丕更是心中鬱悶，對於甄宓和曹植錯綜複雜的關係，他一直難以釋懷，雖然封了甄宓為妃，但後來還是聽信讒言，將美貌的甄宓賜死了。後來，曹植途經洛水，夜宿舟中，恍惚間似乎看到甄宓凌波御風而來，想著當初與甄宓洛水相遇的情景，頓時文思激蕩，一揮而就寫下了流傳千古的〈洛神賦〉。在這篇賦中，曹植先用大量篇幅描寫自己所愛佳人甄宓的美貌、姿態和裝束，比如「髣髴兮若輕雲之蔽月，飄飖兮若流風之回雪。遠而望之，皎若太陽升朝霞，迫而察之，灼若芙蕖出淥波……」曹植希望透過自己的詩篇將心愛的女人當作最美好理想的象徵，也寄託了對美好理想的傾心仰慕和熱愛。但虛幻總歸是虛幻，他和甄宓戀愛的失敗，也注定這首賦文最終以破滅作結。曹植〈洛神賦〉的寫法，有點類似於屈原，都用了擬人、比喻的手法，將自己失望的情緒濃烈地表現出來，引起了大多落魄失意之人的共鳴。

到老不得志　憂鬱隨風去

除了失去本該屬於自己的王位，錯過美若天仙的美人，曹植到老也沒能實現自己的志

向，未受到朝廷的重用，他的後半生是可悲的一生，可嘆的一生。

黃初七年（二二六年），曹丕病逝，他的兒子曹叡繼位，即魏明帝。然而，這並沒有改變曹植的命運。壯心不已的曹植，這時以為重新找到了良機，急切地渴望自己滿腹的才能得到施展，便多次慷慨激昂地上書姪子曹叡，希望被重新起用，其拳拳之心，可以使鐵石心腸之人動容。

但是，曹叡並不放心他的這位叔叔，對於曹植的防範和曹丕一樣，從來未曾鬆懈。他冰冷的心深如古井，未曾起過微瀾，除了象徵性地在口頭上給予曹植嘉許以外，沒有任何實質性的行動。

無奈悲傷的曹植，在文、明二世的十二年中，雖然多次被遷封，但從未獲得重用。到了太和三年（二二九年），三十八歲的曹植徙封東阿，才開始安心研究儒典，認真從事文學寫作。

然而，這樣的平靜生活並沒有過多久，在太和六年（二三二年）十一月，孤獨的曹植在憂鬱中病逝，時年四十一歲。儘管，一代文壇天才就這樣遺憾地離開了人間，但他以無盡的才華創作的詩篇，卻如燦爛的明月照亮著千古文壇，被人們傳誦。

郭嘉——「鬼才」倘若不死，三國豈能鼎立

在《三國演義》中，曹操在赤壁之戰失敗後說過這樣一句話：「倘若奉孝在此，我何故慘敗？哀哉奉孝！惜哉奉孝！痛哉奉孝！」而學者陳亮也曾提道：「以成魏之霸業者，昱、嘉之謀為多，而曹公尤痛惜嘉之死也。」可見郭嘉在曹操心目中的地位是何等重要和特殊。那麼，郭嘉到底是何許人也，他又有什麼獨到之處，其人生經歷又是什麼樣子呢？請隨筆者一一去探個究竟。

駿馬選伯樂　甄別有智慧

古語有云「千里馬常有，而伯樂不常有。」這是個雙向選擇題。然而，許多的千里馬在選伯樂時，常常看花眼、挑錯郎，從而錯失良機，悔恨一生。比如許攸挑選了袁紹，最後不被重用。後來，他又僥倖跟了曹操，但因為其放蕩不羈、不知收斂的性格，活活丟掉了性命。再比如飛將軍李廣，生不逢時，命不遇主，儘管戰功赫赫，但一生未曾封侯。「馮唐易老，李廣難封」一直成為「千里馬」們的遺憾。而郭嘉卻是一個異類，既然成了千里馬，卻不輕易馳騁，而要挑選好伯樂和草原，從而奔騰萬里，一鳴驚人。這一點類似於軍事家諸葛亮，隆中隱居卻不求聞達於諸侯，只等劉備這條大魚上鉤，最終立功萬千，名垂後世，被後人敬仰。

郭嘉也一樣，對於伯樂的選擇，他很慎重。出生於潁川的他，從小就有遠見，當才子謀士們都去為生計奔波之時，郭嘉卻在弱冠之年選擇了隱居。雖遠離世俗，他卻祕密結交英傑，期待有朝一日展翅翱翔，建功立業。

郭嘉二十一歲時，名臣田豐向袁紹推薦了年少有才的他。但見了袁紹這位貴族之後，郭嘉並不喜歡，他對袁紹的謀臣辛評、郭圖等人說：「明智的人，能審慎周到地衡量他的主人，所以凡有舉措都很周全，從而可以立功揚名。袁公只想要仿效周公的禮賢下士，卻不是很知曉使用人才的道理。思慮多端而缺乏要領，喜歡謀劃而沒有決斷，想和他共同拯救國家危難，建稱王稱霸的大業，我看實在很難啊！」看清袁紹的水準後，郭嘉果斷選擇了離開。之後，他一直在家賦閒了六年。這不是在逃避，而是在等待，等待真正的明主出現。

明主本難尋　才子喜相逢

六年過去後，郭嘉終於遇到了自己生命中注定要見的那一個人。當時，他的好朋友荀彧寫信給郭嘉說，曹操要見一見他。郭嘉帶著試探的態度去了曹營，心裡卻嘀咕著，曹操和袁紹是不是同一類人，到底他是不是自己所要尋找的明主呢？而曹操剛剛失去了最為器

重的謀士戲志才，十分悲痛，荀彧向他推薦了郭嘉，他也想見一見了解一下。兩人都是抱著試探的態度見了面。

曹操見到了郭嘉，見其雄姿英發，容貌俊偉，正是青春年少，心中已有幾分歡喜。隨後曹操便問了郭嘉天下大事，詢問如何在風雲變幻的亂局中笑傲群雄。而郭嘉不慌不忙，胸有成竹，海闊天空地進行談論，其才華汪洋恣肆，論點旁徵博引，令人欣賞和佩服。

經過長久的深入交流和討論，曹操對部下說：「能幫助我成就大業的人，就是他了！」而年輕的郭嘉離開營帳後，也大喜過望地對朋友說：「這才是我真正的主人啊！」

從此，郭嘉認為找到了自己的知音和明主，忠心耿耿地當上了曹操的參謀軍事官——軍師祭酒，為曹操的四方征戰出謀獻策，誠心效力。這點類似於劉備拜訪諸葛亮一樣，隆中對一提出，劉備就明白能幫助自己取得成功的人出現了，而諸葛亮也認定劉備是可以託付前途的領袖。

十勝十敗論　振奮曹軍心

進了曹營後，郭嘉盡心盡力為曹操出謀劃策，幫助曹操與其他諸侯軍閥爭奪天下，積極努力建功立業。當時，郭嘉對一個個的對手心理狀態的準確判斷，常常成了曹操獲勝的關鍵。

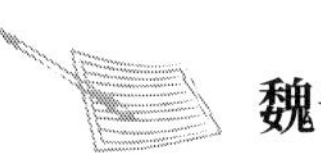

比如，建安二年（一九七年），曹操在討伐張繡時新敗，軍心動搖，而他最大的對手袁紹還寫信羞辱他。面對這種情況，曹營中的其他謀士，很多都擔心曹操不具備與袁紹抗衡的能力，紛紛勸其放棄抗爭，有投降的打算。

這時的郭嘉卻提出了著名的「十勝十敗」之說，以鼓舞曹操，穩定了軍心。當時，他一連舉出了十條理由，以證明「公有十勝，紹有十敗」的道理。第一是「道勝」：袁紹作為世族軍閥，禮儀繁多而雜亂，為其形式所羈；曹操「體任自然」，因時因事而制宜，「道」高一籌。第二是「義勝」：曹操「奉順以率天下」，順應歷史潮流，合乎道義。第三是「治勝」：郭嘉以深刻的眼光分析歷史和現實，認為漢末大亂是統治者「政失於寬」，而袁紹以寬濟寬，所以無以御下；曹操「糾之以猛而上下知制」，寬猛相濟的治理措施是切合時要的。第四是「度勝」：袁紹外表寬厚而內心多猜忌，任人唯親戚子弟；曹操則「用人無疑，唯才所宜，不問遠近」，在氣度胸襟上勝過袁紹。第五是「謀勝」：袁紹臨事無策，優柔寡斷；曹操機警果敢，「應變無窮」。第六是「德勝」：袁紹沽名釣譽，喜受吹捧，「士之好言飾外者多歸之」；曹操以誠待士，「不為虛美」，講究實用，刑賞必諾，「與有功者無所吝」，那些忠正而有遠見且務實的士人「皆願為用」。第七是「仁勝」：袁紹懷婦人之仁，見人飢餓，恤念之情形之於表，而對於自己見不到的，

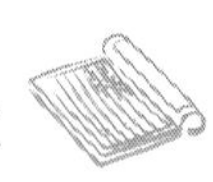

則「慮所不及」。這不是政治家的胸懷。曹操對於眼前小事或有疏失，而對於天下大事則「慮之所周，無不濟也」，恩德施乎四海。第八是「明勝」：袁紹惑於讒言，而曹操則明辨是非，「御下以道，浸潤不行」。第九是「文勝」：袁紹是非不分，曹操對於正確的「進之以禮」，不正確的則「正之以法」。第十是「武勝」：袁紹用兵「好為虛勢，不知兵要」，曹操則用兵如神，士卒有所恃，敵人聞而畏。

用現在的觀點來看，郭嘉所指出的這十個方面，包括了政治措施、政策法令、組織路線，以及雙方首領的思想修養、心胸氣量、性格、文韜武略等多種因素，這都是關涉事業成敗興衰的關鍵。郭嘉的分析很具說服力，不但振奮了曹軍將士的鬥志，更助曹操擬定了遠期和近期的作戰目標。同時，郭嘉也正式確立了自己在曹操軍事智謀團中的核心地位。

不聽郭嘉言　放虎歸南山

建安三年（一九八年），打了敗仗的劉備無奈帶著殘兵來投靠曹操。當時，謀士程昱就向曹操建議殺死劉備這個「白眼狼」，永絕後患。曹操聽了後，沒有立即表態，他又徵詢了心腹郭嘉的意見。

郭嘉沉思了一會說：「的確，劉備這個人有反骨，肯定是養不了家的。但是，我們如果殺了他，曹公您就有了殺義士的惡名，這就堵了其他名士前來依附的道路。真正的智

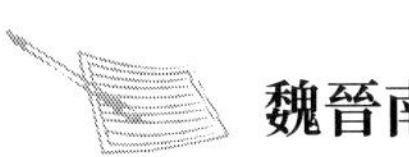

者，是要懂得收復那些賢士。因此，不能因為劉備一個人有隱患，我們就除掉他，這危害到曹公在四海的聲望，希望能夠明察！」曹操聽了這話，覺得有道理，便決定不殺劉備。

隨後，郭嘉又建議道：「劉備有萬人敵關羽、張飛跟隨，而他又比較偽善，喜歡收買民心，肯定不會甘為人下，曹公一定要謹慎做好防備。古人有言：『一日放縱敵人，便成數世的禍患』。」郭嘉的意思就是說，雖然不殺劉備，但可以軟禁他，我不殺你，但你也別想逃出我的手掌心，永遠限制死你，拖死你，埋沒你。項羽當時就沒有聽取謀臣范增的建議，不僅沒有殺掉劉邦，連軟禁的措施也沒執行，於是才有了鴻門宴。鴻門宴，鴻門一宴兩重天。項羽最後兵敗被殺，劉邦坐擁大漢天下。

然而，曹操這一次也沒有聽從郭嘉的建議，他認為只要誠心對待，就能得到劉備的真心依附。於是，曹操並沒有軟禁劉備，反而對他更加親近，這才有了後來「煮酒論英雄」的橋段和故事。後來，曹操赤壁之戰大敗而歸，錯過了一統天下的大好機會，或許也和這次的優柔寡斷有必然的關聯。

建安四年（一九九年），狡猾的劉備藉袁術北投袁紹之機，主動向曹操請求前去截擊。這時，恰好郭嘉、程昱不在身邊，一時大意的曹操竟同意了劉備的請求。當郭嘉與程昱趕回來後，覺得大事不好，便去找到曹操勸阻道：「放走劉備，要生變數了！」曹操這時才悔恨起來，但此時的劉備早已走遠，而且還奪取一座小城下邳，有了自己的根據地。

神機有妙算　提頭到曹前

建安五年（二〇〇年），曹操正在征伐袁紹，但又擔心後方的劉備會來襲擊，心裡始終放心不下，他不知道是先消滅在徐州立足未穩的劉備，還是和袁紹決一死戰後再進行討伐，心中一直舉棋不定。

當時郭嘉顯得很鎮定，他鼓勵曹操說：「袁紹向來優柔寡斷，不會迅速做出反應。劉備人心未歸，立足未穩，要是迅速進攻，他必敗無疑。然後再回師對付袁紹，這是改變腹背受敵的最好機會，絕不能失去！」於是，曹操便立即舉師東征，大破劉備，俘虜了劉備的妻子，擒了關羽，進而又擊破了和劉備聯合的東海賊寇。情況正如郭嘉所料，猶豫不決的袁紹，果然還沒有做出反應，劉備就被快速擊敗了。

當解決了劉備的隱患之後，曹操便與袁紹在官渡相持，兩方決戰一觸即發。這時，一個令人不安的消息傳到曹營：江東豪傑孫策，準備發兵偷襲曹操的大後方許都。本來，當時的曹操在袁紹面前已有劣勢，再加上後方的威脅，心中大驚，不知如何是好。如果許都失守，曹操陣營將立刻分崩離析。

當時，曹營中人心最為動亂，不少人開始暗中向袁紹獻媚，準備為自己留條後路。這就像公司要破產的前夕，員工們各懷心思，辭職的辭職，觀望的觀望，消失的消失，大家

沒有了共識，更沒有了信心。

《三國演義》就介紹道，當時，曹操軍中與袁紹私下有書信往來者不計其數，官渡之戰後，在袁營中就搜出了不少通敵竹簡。（慶幸曹操最後一把火燒了，沒有深究。此處可看出曹操是心胸寬廣之人，也很有政治智慧。）在此緊急關頭，郭嘉卻預測說：「孫策剛剛吞併了江東，所誅殺的都是些英雄豪傑，他是能讓人效死力之人。但孫策這個人輕率而不善於防備，雖然他擁有百萬之眾，卻和他一個人來到中原沒什麼兩樣。如果有刺客伏擊，那他不過就是一人之敵罷了。在我看來，孫策必定要死於刺客之手。」

這一點都能被郭嘉猜中，郭嘉真是神人也。果然，如他所料，孫策率軍到了江邊，尚未渡江，就被死對頭許貢派遣的門客刺殺了。這或許是巧合，但確實又為郭嘉的神機妙算添上了濃墨重彩的一筆。

英雄雖早逝　留下萬古名

官渡之戰後，曹操以少勝多打敗了袁紹，而袁尚、袁熙逃入烏桓，即今遼寧錦州一帶。曹軍諸將都說：「袁尚已如喪家之犬，關外胡人不會支援他們的。如果再遠征，劉備必然會挑撥劉表襲擊許昌，萬一有什麼變數怎麼辦？」

然而，這時的郭嘉又提出了不同於他人的見解，他說：「明公你儘管放心去遠征，即使你留下一個空空蕩蕩的許都也沒事，我料定劉備之徒無法對你添麻煩。他要是敢來攻許都，劉表肯定也不會讓他得逞。」在眾人一片驚異的譁然聲中，郭嘉隨即不慌不忙詳細地分析了平烏桓之役的可行性和重大意義：「胡人自恃偏遠，現在必然沒有防備，突然發動攻擊，一定能夠將他們消滅。袁紹對胡人有恩，如果袁尚還活著，他們一定幫忙，遲早是隱患。現在袁家的影響還很大，這個時候南征，如果胡人有行動，我們的後方就不安穩了。但劉表是個只知空談的政客，他自知能力不足以駕馭劉備，所以必然會對劉備有所防備。現在雖然是虛國遠征，但一勞永逸，從此就再也沒有後患了。」

郭嘉的觀點十分準確獨到，聰明的曹操聽後茅塞頓開，他立刻下令進兵柳城。接著，郭嘉又認為曹軍推進的速度還是太慢，便進言道：「兵貴神速。現在潛力遠征，輜重太多，行進緩慢，被對方有所覺察必然就要做防備。不如留下輜重，輕兵速進，攻其不備。」曹操依舊聽從了郭嘉的建議，決定神速推進。後來，這一戰成為中國戰爭史上「兵貴神速、奇兵制勝」的典型案例，成為兵家學子必讀的課程之一。當曹軍到達時，烏桓首領蹋頓和袁尚、袁熙率軍倉促應戰，終因準備不充分而吃了大敗仗，曹軍成功俘虜了敵軍二十餘萬人，走投無路的袁尚、袁熙投奔了遼東的公孫康。

當時，曹軍的其他謀士建議要乘勝追擊，然而郭嘉認為應該坐下來靜等好消息。果然，沒過多久遼東太守公孫康就帶著袁尚的首級前來投降。曹操根據郭嘉的計策，終於徹底平定北方，統一了整個黃河流域以北的地區。

或許是太過優秀，這位天才謀士加軍事家終於得罪了上天，在從柳城回來的途中，郭嘉因水土不服，氣候惡劣，終於操勞過度而大病。當時曹操就像一個慈祥的長輩，不斷地去郭嘉的病榻前探視。立在郭嘉床頭，曹操彎腰輕輕摸了摸郭嘉發燙的額頭，欲言又止。不知過了多久，曹操依依不捨地走了，留下了他落寞而悲傷的身影。但剛出院子，他突然又鬼使神差地折返，又去查看了僕人為郭嘉配的湯藥是否已經熬好，所表現的哀傷和惋惜，令人為之動容。郭嘉死後，曹操時常掛念，特別是赤壁之戰後，兵敗的曹操悲痛大哭：「倘若奉孝在此，我何故慘敗？哀哉奉孝！惜哉奉孝！痛哉奉孝！」而歷代大咖對郭嘉也是推崇有加，讚美不斷，玄宗皇帝李隆基就說：「孝文之得魏尚，虜不足憂；太祖之見郭嘉，知成吾事。」大唐學者薛稷稱：「張良之翼漢王，郭嘉之協魏主，宋武之得穆之，齊高之得褚彥：定策決勝，謀夫孔多。」

周瑜——「既生瑜，何生亮」子虛烏有

提到周瑜，許多人都會有一個既定的印象，「既生瑜，何生亮」、「三氣周瑜」等典故就閃現出來，但是歷史上的周瑜並不是羅貫中所寫的那樣心胸狹窄，被諸葛亮氣死，反而是一個才華橫溢、寬宏大量之人。要是周瑜在天有靈，一定會找羅貫中打官司，若不索賠點精神賠償費、名譽損失費絕不甘休。

「官二代」還能精通音律

漢熹平四年（一七五年），在安徽省舒城縣出生了一位偉大的人物，他就是周瑜。這個人，後來與諸葛亮齊名，建立了豐功偉績。但是，周瑜又比諸葛亮出身好，諸葛亮家裡有個叔叔是官員，而周瑜的父親周異是洛陽令。除了有一個好爹外，周瑜的堂祖父周景、堂叔周忠，都官至太尉。周瑜出生後，周異為他取名為公瑾，大概也是希望他以後品德高尚，努力成為三公吧。從小因為家庭環境好，不缺吃不愁穿，再加上父親的良好基因，周瑜不僅長得偉岸俊美，更是才華橫溢。對於音律方面，他更是十分精通。

周瑜精通音律並不是空穴來風，是確有其事，陳壽寫的《三國志》就有記載「曲有誤，周郎顧」。周瑜年少時精通音律，即使喝了小酒之後，依舊能分辨出彈奏者的細微差

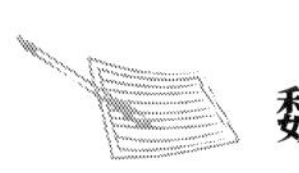

錯。當時因為周瑜長得帥，許多彈奏的美女，對其十分仰慕，紛紛找他一試，有的並不是真心請教，而是「醉翁之意不在酒」，想一睹這位帥哥的風采。有的女子為了博得周瑜多看一眼，往往故意將曲譜彈錯，於是便有了「曲有誤，周郎顧」的典故。許多大文豪根據周瑜的這個故事，紛紛創作了優秀的作品。比如唐代的大詩人李端有就寫了一首名為〈聽箏〉的詩，他贊道：「鳴箏金粟柱，素手玉房前。欲得周郎顧，時時誤拂弦。」

「小試牛刀」立戰功

西元一九〇年，孫堅兵討董卓時，家人移居到舒縣（今安徽舒城縣）。這時，十六歲的周瑜讓出自己路南的大宅院，提供孫家居住。當時，周瑜還親自登堂拜見孫策的母親，自此兩家有了交往。周瑜和孫策也成了好朋友，他們在舒縣廣交江南名士，很快遠近馳名。

哪知道，第二年孫堅就不幸死去了。年幼的孫策接管了父親的軍隊。孫策自然想到了自己的好朋友周瑜，便寫了一封信，讓他趕過去輔助自己。收到信後，周瑜沒有絲毫猶豫，立即率人前去接應孫策，給他大力支持和幫助。當見到周瑜時，孫策高興地說：「有了兄弟你，我的大事就成了。」

自那之後，在周瑜的幫助下，孫策率軍先克橫江（今安徽省和縣東南，長江北岸）、

當利（今安徽和縣東，當利水入江處），接著揮師渡江，進攻秣陵（今江蘇省南京市江寧區秣陵關），打敗了笮融、薛禮，轉而攻占胡孰（今江蘇省南京市江寧區湖熟鎮）、江乘，進入曲阿（今江蘇省丹陽市），興平二年（一九五年），逼走了劉繇。

很快，孫策部眾就發展到幾萬人。還未成年的周瑜，這時已經顯現出了足夠的才華，小試牛刀，就立下了戰功，得到了孫策的信賴和賞識。

抱得佳人名小喬

建安三年（一九八年），孫策授予周瑜建威中郎將，調撥士兵兩千人，戰馬五十匹給他。此外，孫策還替周瑜修建豪華住所，賞賜之厚，無人能比。當時，孫策還發布命令說：「周公瑾雄姿英發，才能絕倫，和我又情同骨肉。在丹陽時，就是他率領兵眾相助於我，才使我成就大事，論功酬德，我現在給他的賞賜，遠遠不能回報他給我的支持和幫助！」周瑜這時才二十四歲，就獲得了極高的地位和榮耀，吳郡的人皆美讚他為「周郎」。

有了地位和身分，才華橫溢的周瑜便有了成家的想法，但是誰家的姑娘能配得上他呢，前來的提親者踏破了他府上的門檻，但周瑜一個也看不上。就在這時，意外卻發生了，當周瑜和孫策攻破皖城時，看到該地喬公家的兩個女兒真是國色天香，姿色絕倫，很

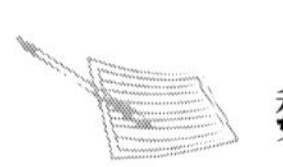

是喜歡。兩人秀色不獨享，有利就均分，經過商量，孫策娶了大喬，周瑜娶了小喬。

這樣的婚姻不知道算不算強求而得，但有一點可以肯定的是，郎才女貌似乎在他們身上得到了應驗。當時，孫策還對周瑜說：「喬公之女，雖經戰亂流離之苦，但得我們二人當女婿，也是她們的幸運。」大、小二喬，運氣並沒有潘金蓮差。一代美女潘金蓮無奈被地主賣給了矮小醜陋的武大郎，自然心裡想不開，有紅杏出牆的想法。而大、小二喬雖也不是自願的，但好歹嫁給了兩位英雄，婚後也沒聽說過她們有任何的埋怨，或許這也是一種安慰吧。所謂的愛情，或許滿足了你的期許，他就是愛情了。

大、小喬之美，足以讓孫策和周瑜心滿意足，不然梟雄曹操怎會一直惦記呢。唐代大詩人杜牧就寫了一首詩進行佐證：「折戟沉沙鐵未銷，自將磨洗認前朝。東風不與周郎便，銅雀春深鎖二喬。」銅雀臺是曹操晚年與女人遊樂的地方，如果當年赤壁之戰曹操勝利，依照他好色的性格，二喬可能就會是花蕊夫人、小周后一樣的命運，不過這都是後話。

托孤大臣盡忠心

很可惜，孫策命不好，與大喬還沒好好歡愛，天下還未爭取，就在建安五年（二〇〇年）四月，被刺身亡，時年二十六歲。臨終時，孫策遺命，將弟弟孫權託付給周瑜這位好朋友。

周瑜得知消息後，立即從外地帶兵前來奔喪，留在吳郡孫權身邊任中護軍。這時，他手握重兵，用君臣之禮對待孫權，同長史張昭共同掌管軍政大事。

曹操在官渡之戰打敗袁紹後，志得意滿，欲統一全國，便下書責令孫權，讓其把兒子送去做人質。孫權召集群臣會商，大臣們眾說紛紜，不能決斷。孫權本意雖不想送人質，但由於沒有得到強有力的支援，有些舉棋不定。於是，他只帶周瑜一人到母親面前議定此事。周瑜立場堅定，堅決反對送人質，他對孫權分析利害說：「當年楚君剛被封到荊山的邊上時，地方不夠百里。他的後輩賢能，開拓疆域，在郢都建立根基，占據荊揚之地，直到南海。子孫代代相傳，延續九百多年。現在將軍您繼承父兄的餘威舊業，統御六郡，兵精糧足，戰士們士氣旺盛。而且，鑄山為銅，煮海為鹽，人心安定，士風強勁，為何要送質於人呢？人質一到曹操手下，我們就不得不與曹操相呼應，也就必然受制於曹氏。那時，我們所能得到的最大利益，也不過就是一方侯印、十幾個僕人、幾輛車、幾匹馬罷了，哪能跟我們自己創建功業，稱孤道寡相提並論呢？為今之計，最好是不送人質，先靜觀曹操的動向和變化。如果曹操能遵守道義，拯救天下，那時我們再歸附也不晚；如果曹操驕縱，圖謀生亂玩火必自焚，將軍您只要靜待天命即可，為何要送質於人呢？」

周瑜這番話得到了孫權內心的贊同。孫權的母親當即說：「公瑾的話有道理，他比你

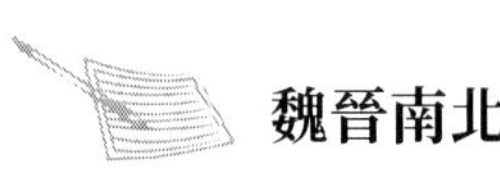

哥哥只小一個月，我一向把他當兒子對待，你該把他當成兄長才是。」於是，在周瑜的大力支持下，孫權拒絕了曹操。

不僅如此，周瑜還拒絕了曹操一方的收買。據《江表傳》記載，當時曹操想使周瑜為己所用，便派善於辯說的蔣幹前去遊說周瑜，周瑜堅決地回絕了蔣幹。對於孫氏，周瑜盡到了自己的忠心，踐行了對孫策的諾言。

赤壁之戰非亮功

在《三國演義》裡，羅貫中將功勞全記在了諸葛亮的身上，然而真實情況卻是周瑜發揮了決定性的作用。

建安十三年（二〇八年）秋天，曹操率軍南侵，占領荊州，向孫權進逼。大軍壓境之際，孫權的大臣們出現了主和、主戰兩派，重臣謀士張昭和秦松更是支持投降曹操。

孫權無奈，便召回了周瑜問計。周瑜向孫權分析指出：曹軍遠途跋涉，疲憊不堪；天氣寒冷，馬沒有草吃；北方人習慣陸戰不擅水戰，水土不服；馬超、韓遂尚在關西，為曹操的後患。既而進一步又認為，來自中原的曹軍不過十五六萬，而且所得劉表新降的七八萬人，人心並不向曹。孫權感嘆道：「這是老天把你賜給我了，子布、文表等人各懷私心，只有你和子敬二人的意見與我相同啊！」

經過周瑜的打氣，孫權最終下定決心，拔劍砍掉桌子一角，說：「再有敢說投降的人，就像這張桌子一樣！」

隨後，孫權命周瑜及程普等領三萬人抗曹，途中兩軍在赤壁相遇，曹軍中因有疾病，又不習水性，初戰便敗退，曹操引軍至江北。周瑜便與劉備軍在南岸設營，雙方對峙。周瑜決定用火計將曹軍打敗，命黃蓋詐降。曹操果然中計，船艦全被燒毀，敗將曹操無奈北還南郡，自此三國鼎立之勢漸成。火燒曹營，根本就和諸葛亮沒多大關係，羅貫中卻硬生生將功勞奪去，無償加到了半神半人的諸葛亮身上，這是多大的不公呢。

心胸寬闊非小肚雞腸

除了火燒赤壁是周瑜的功勞外，在《三國演義》中羅貫中還寫周瑜氣量狹小，最後大叫三聲「既生亮，何生瑜」後被諸葛亮活活氣死。這又是謬傳，真實的周瑜是一個心胸寬廣之人。

據史料記載，周瑜「性度恢廓」，又大公無私。東吳很多傑出的人才如張昭、魯肅都是他竭力推薦做官的。當時，周瑜每推薦一個人，就都說該人才學勝過他十倍，堪大用。許多人因此十分敬佩尊重周瑜。但有一個人例外，他就是東吳老將程普。因為資歷老而位居周瑜之下的程普，一直不服氣，經常當眾侮辱他，但周瑜從來「折節容下，終不與較」。

經過多次交鋒，周瑜主動降低身價示弱，程普也被感動了，他對人感嘆：「與公瑾交往，如飲醇醪，不覺自醉。」這有點類似於藺相如和廉頗的故事，因為藺相如的寬宏姿態，讓老將廉頗最後心甘情願負荊請罪。

然而，就是這樣一位既有才華，又寬宏大度的天才，卻遭天妒。在征伐益州趕回駐地江陵時，周瑜不幸得了重病，最終卒於巴丘，時年三十六歲。孫權聽聞後大為痛哭：「公瑾有王佐之資，然而壽命短促，我還能依賴什麼呢？」又親自穿上喪服為周瑜舉哀，感動左右。這有點類似於曹操悲哭郭嘉一樣，兩位天才都十分短命。郭嘉三十七歲病死，周瑜三十六歲，兩個天才是多麼相似呢。

江淹——「江郎才盡」是一個偽命題

自小讀書以來，無論是老師還是前輩，均會講到「江郎才盡」一詞，江淹的故事也成為鞭策天才們不要懶惰、永不停歇而奮進的案例。然而，歷史上真實的江淹到底是什麼樣子，他是真的才盡了嗎？筆者翻閱史料，卻認為江淹大咖並非才盡，而是已完成了文學創作的使命，無暇舞文弄墨罷了。

本是富貴命　孤貧少採薪

南朝宋元嘉二十一年（四四四年），曠古聞名的大才子江淹，出生在宋州濟陽考城民權縣（今河南省商丘市民權縣程莊鎮）。他的父親江康之是南沙令，具備一定的才華。從某種意義上說，江淹算是一個「文二代」、「官二代」，從小遺傳了良好的文學基因。自身條件好，又加上勤奮好學，江淹六歲便能作詩，被時人稱為神童，正如司馬光、駱賓王一樣。司馬光兒時知道砸缸救朋友，駱賓王才幾歲就寫出了〈詠鵝〉。

但很不幸，十三歲時，江淹的父親去世了，從此他只能跟母親相依為命，生活漸漸貧寒。小小年紀的江淹無奈撐起這個家，他常常到山林中砍柴銷售，換錢供養自己的母親。十三歲到二十歲的這段日子，或許是江淹一輩子最為刻骨銘心的時段，其中的心酸和悲痛，我想常人是無法理解的。這有點類似於范仲淹，兩歲時父親就去世，母親接著改嫁，自己還改了姓，寄人籬下過日子。要不是後來考上了進士，范仲淹或許就淹沒於芸芸眾生了。

青春氣自華　謹慎不自誇

不過，上天還是很眷顧江淹，在他二十歲這年，命運開始有了起色和轉變。由於從小

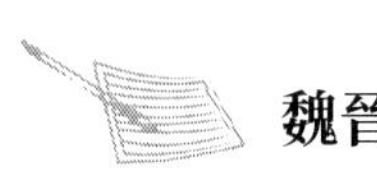

努力刻苦又天賦突出，弱冠之年的江淹很快就名聲遠播，受到時人盛讚。當時，就有不少富豪貴族請他當私塾教師。這一點類似於年輕時的蒲松齡，被相鄰豪門聘請為管家和教師一樣。江淹只不過比蒲松齡前輩早了些而已。那麼，聘請江淹的是誰呢？這個人可不簡單，他是宋始安王劉子真。江淹應聘後，主要教他讀五經。四書五經在古代作為必讀科目，類似於當前的教科書。有了第一份工作，江淹的日子有了改善，他再也不用拖著單薄的身子去山上砍柴。有了薪水後的他，也改善了自己和母親的生活。

然而，好運並沒有就此打住。在劉子真家沒做多久，江淹就被另外一個貴族看上了，他就是新安王劉子鸞。這個貴族和劉子真都是一家人，「王爺」級的貴族。不過，這次江淹並不是當教師，而是成為幕僚，正式進入政府機關，踏上了仕途，當上了一名「公務員」。謹慎小心的江淹從此改變了境遇，開始朝著自己的夢想前進。

驚風不起浪　文壇璀璨光

雖然江淹才華橫溢，又謹小慎微，但在仕途上早期並不得志。特別是泰始二年（四六六年），江淹在轉入建平王劉景素帳下擔任幕僚時，他受廣陵令郭彥文案牽連，被誣受賄入獄，在獄中上書陳情獲釋。

然而，剛從牢裡出來沒多久，他的主公劉景素卻密謀叛亂，一向有忠君思想的江淹對

其多次諫勸，但是倔強的劉景素一直未曾採納，還將江淹貶為建安吳興縣令。

老子有一句話說：「福兮禍之所伏，禍兮福之所倚。」雖然江淹被為建安吳興縣令，官職降了，離廟堂遠了，但江淹許多燦爛的文學作品，均是在此期間創作。他在赴往吳興途中，寫了第一篇千古奇文〈別賦〉。原文如下：

> 黯然銷魂者，唯別而已矣！況秦吳兮絕國，復燕趙兮千里。或春苔兮始生，乍秋風兮暫起。是以行子腸斷，百感淒惻。風蕭蕭而異響，雲漫漫而奇色。舟凝滯於水濱，車逶遲於山側。棹容與而詎前，馬寒鳴而不息。掩金觴而誰御，橫玉柱而沾軾。居人愁臥，怳若有亡。日下壁而沉彩，月上軒而飛光。見紅蘭之受露，望青楸之離霜。巡層楹而空掩，撫錦幕而虛涼。知離夢之躑躅，意別魂之飛揚。
>
> 故別雖一緒，事乃萬族。至若龍馬銀鞍，朱軒繡軸，帳飲東都，送客金谷。琴羽張兮簫鼓陳，燕、趙歌兮傷美人，珠與玉兮豔暮秋，羅與綺兮嬌上春。驚駟馬之仰秣，聳淵魚之赤鱗。造分手而銜涕，感寂寞而傷神。
>
> 乃有劍客慚恩，少年報士，韓國趙廁，吳宮燕市。割慈忍愛，離邦去里，瀝泣共訣，抆血相視。驅征馬而不顧，見行塵之時起。方銜感於一劍，非買價於泉里。金石震而色變，骨肉悲而心死。
>
> 或乃邊郡未和，負羽從軍。遼水無極，雁山參雲。閨中風暖，陌上草薰。日出天而曜景，露下地而騰文。鏡朱塵之照爛，襲青氣之煙熅，攀桃李兮不忍別，送愛子兮沾

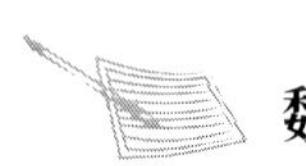

羅裙。

至如一赴絕國，詎相見期？視喬木兮故里，決北梁兮永辭，左右兮魄動，親朋兮淚滋。可班荊兮憎恨，惟樽酒兮敘悲。值秋雁兮飛日，當白露兮下時，怨復怨兮遠山曲，去復去兮長河湄。

又若君居淄右，妾家河陽，同瓊珮之晨照，共金爐之夕香。君結綬兮千里，惜瑤草之徒芳。慚幽閨之琴瑟，晦高臺之流黃。春宮閟此青苔色，秋帳含此明月光，夏簟清兮晝不暮，冬釭凝兮夜何長！織錦曲兮泣已盡，回文詩兮影獨傷。

儻有華陰上士，服食還仙。術既妙而猶學，道已寂而未傳。守丹灶而不顧，煉金鼎而方堅。駕鶴上漢，驂鸞騰天。暫遊萬里，少別千年。惟世間兮重別，謝主人兮依然。

下有芍藥之詩，佳人之歌，桑中衛女，上宮陳娥。春草碧色，春水淥波，送君南浦，傷如之何！至乃秋露如珠，秋月如圭，明月白露，光陰往來，與子之別，思心徘徊。

是以別方不定，別理千名，有別必怨，有怨必盈。使人意奪神駭，心折骨驚，雖淵、雲之墨妙，嚴、樂之筆精，金閨之諸彥，蘭臺之群英，賦有淩雲之稱，辨有雕龍之聲，誰能摹暫離之狀，寫永訣之情著乎？

〈別賦〉以濃郁的抒情筆調，以環境烘托、情緒渲染、心理刻畫等藝術方法，透過對成人、富豪、俠客、游宦、道士、情人別離的描寫，生動具體地反映出齊梁時代社會動亂

的側影。賦的開頭，用「黯然銷魂者，唯別而已矣」一句總寫，以精警之句，發人深省，接著寫各種類型的離別，表現出「別雖一緒，事乃萬族」，既寫出分離之苦的共性，也寫出不同類型分別的個性特點，最後總結出「別方不定，別理千名，有別必怨，有怨必盈」。他指出分別的痛苦「使人意奪神駭，心折骨驚」，指出任何大手筆也難寫離別之深情，言盡而意不盡。全賦用駢偶的句式，繪聲繪色，語言清麗，聲情婉諧，千百年來，膾炙人口，具有極高的藝術價值。

在吳興的日子，江淹切身地體驗了生活，認識了仕途的險惡與無奈，此段經歷為他的文學創作帶來一筆寶貴的財富，許多文學作品均在被貶期間創作完成。

比如在他從吳興回京的路上，他又寫了令他聲名鵲起的〈恨賦〉。原文如下：

試望平原，蔓草縈骨，拱木斂魂。人生到此，天道寧論？於是僕本恨人，心驚不已。直念古者，伏恨而死。

至如秦帝按劍，諸侯西馳。削平天下，同文共規，華山為城，紫淵為池。雄圖既溢，武力未畢。方架黿鼉以為梁，巡海右以送日。一旦魂斷，宮車晚出。

若乃趙王既虜，遷於房陵。薄暮心動，昧旦神興。別豔姬與美女，喪金輿及玉乘。置酒欲飲，悲來填膺。千秋萬歲，為怨難勝。

至如李君降北，名辱身冤。拔劍擊柱，吊影慚魂。情往上郡，心留雁門。裂帛系書，誓還漢恩。朝露溘至，握手何言？

若夫明妃去時，仰天太息。紫臺稍遠，關山無極。搖風忽起，白日西匿。隴雁少飛，代雲寡色。望君王兮何期？終蕪絕兮異域。

至乃敬通見抵，罷歸田里。閉關卻掃，塞門不仕。左對孺人，顧弄稚子。脫略公卿，跌宕文史。齎志沒地，長懷無已。

及夫中散下獄，神氣激揚。濁醪夕引，素琴晨張。秋日蕭索，浮雲無光。鬱青霞之奇意，入修夜之不暘。

或有孤臣危涕，孽子墜心。遷客海上，流戍隴陰，此人但聞悲風汨起，血下沾衿。亦復含酸茹嘆，銷落湮沉。

若乃騎疊跡，車屯軌，黃塵匝地，歌吹四起。無不煙斷火絕，閉骨泉里。

已矣哉！春草暮兮秋風驚，秋風罷兮春草生。綺羅畢兮池館盡，琴瑟滅兮丘壟平。自古皆有死，莫不飲恨而吞聲。

〈恨賦〉全文總共四百零五字，透過對秦始皇、趙王遷、李陵、王昭君、馮衍、嵇康這六個歷史人物各自不同的恨的描寫，來說明人人有恨，但恨各不同的普遍現象。它是六朝抒情駢賦中的名篇，細緻概括了人世間各種人生幽怨與遺恨，不愧為通貫古今、天下第一之〈恨賦〉。

聞名達四海　仕途突飛進

宋順帝昇明元年（四七七年），齊高帝蕭道成執政，高帝對聲名鵲起的江淹早有所聞，於是將其自吳興召回，並任為尚書駕部郎、驃騎參軍事，大加重用。自此，江淹在仕途上開始了通達生涯。

沒過多久，荊州刺史沈攸之作亂，高帝蕭道成問江淹：「天下紛紛若是，君謂何如？」淹對曰：「昔項強而劉弱，袁眾而曹寡，羽號令諸侯，卒受一劍之辱，紹跨躡四州，終為奔北之虜。此謂『在德不在鼎』。公何疑哉？」帝曰：「聞此言者多矣，試為慮之。」淹曰：「公雄武有奇略，一勝也；寬容而仁恕，二勝也；賢能畢力，三勝也；民望所歸，四勝也；奉天子而伐叛逆，五勝也。彼志銳而器小，一敗也；有威而無恩，二敗也；士卒解體，三敗也；搢紳不懷，四敗也；懸兵數千里，而無同惡相濟，五敗也。故雖豺狼十萬，而終為我獲焉。」帝笑曰：「君談過矣。」沒想到，第二年沈攸之果然戰敗自殺身亡，江淹也因此而甚得齊高帝賞識。這有點類似於當年曹操的謀士郭嘉，當眾人都認為袁紹兵強曹軍無法取勝時，而郭嘉卻認為曹操有十勝。江淹的五勝論得到了高帝的大為讚揚，他的才華也進一步得到了蕭道成的認可。

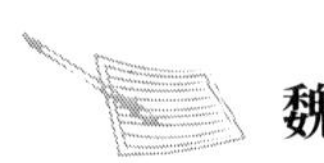

四朝居高位　無暇做文章

之後，齊高帝蕭道成多次提拔江淹。建元初，高帝又任命江淹為驃騎豫章王記室，帶東武令，參掌詔冊，並典國史，遷中書侍郎。永明初，遷驍騎將軍，掌國史。出為建武將軍、廬陵內史。視事三年，還為驍騎將軍，兼尚書左丞。齊少帝蕭昭業即位，江淹任御史中丞。明帝蕭鸞時，他又任宣城太守、祕書監諸職。梁武帝蕭衍代齊後，江淹官至金紫光祿大夫，封醴陵侯。梁天監四年（五〇五年），江淹去世，時年六十二。葬在故里江集村東北約六千公尺處（今民權縣李堂鄉岳莊村西），梁武帝為他素服舉哀，諡曰憲伯，可見其尊寵少有人比。

誠然，江淹官居高位後，便很少寫文章，於是後世的許多學者就將江淹作為「江郎才盡」的典型，以警示後者，但筆者認為江淹並未才盡，而有他自己的原因。因為，在南北朝時，已到晚年的江淹侍奉梁武帝，他或許不敢以文才凌駕於帝王之上，便借一個夢宣布自己「才盡」，希望避開政治漩渦，保全自身。這可能是「明哲保身」的由頭吧。這個夢，許多史書上均有記載，或許是文學手法，不可全信。據《詩品》介紹，江淹有一天晚上夢見一個人，自稱是郭璞（晉代文學家），他對江淹說道：「我有一支五色彩筆留在你處已多年，請歸還給我吧！」江淹便從懷中取出，還給了那夢中人。其後他寫的文章就

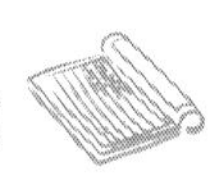

日見失色。時人謂之才盡，於是便有「江郎才盡」一說。

當然，筆者還認為，由於身居監督要職，自身必須不能被人說閒話，而文章最容易引起非議。大宋年間，蘇東坡寫了幾首詩，就被人誣告譏諷改革，不幸被關進大牢。江淹在任御史中丞時，他的職責是監督別人，又因為他「為官清正、不避權貴」，於是忍痛罷筆，希望做好官職本分。

另外，筆者查閱史料，也發現幾件事可以證明江淹並未才盡。比如，在齊東昏侯永元年間，崔慧景擁兵造反，圍困京城，士族官僚紛紛投身於叛軍門下，只有江淹稱病不往，最終崔慧景戰敗。後來，蕭衍又率兵起義，士族官僚有前車之鑒，人人安之若素，而江淹卻脫去官服，趕去投奔。蕭衍獲勝稱帝，江淹得到重用。此兩件事，足以證明江淹是有足夠的才華和智慧，只是基於一些特殊原因，他不願意再創作罷了。

唐朝

崔顥——令李白甘拜下風的天才詩人

在中國古代文壇的歷史竹簡中，李白毫無疑問為天下第一大詩人，其在詩壇的地位就像皇冠上的珍珠，耀眼千秋，熠熠生輝。但是，在歷史上有這麼一位特殊的天才詩人，他令李白也自嘆弗如，捶胸頓足。當年，李白遊覽湖北黃鶴樓時，正想讚美這美景時，卻看見牆上崔顥題寫的〈黃鶴樓〉，頓時捶胸嘆息：「眼前有景道不得，崔顥題詩在上頭。」能讓詩仙擱筆，可見崔顥此詩的力量多麼強大。那麼，崔顥這個人到底有什麼故事，他的人生經歷又如何？請隨筆者一起走進耀眼璀璨的大唐。

獻詩太守李北海　不料當頭遭一棒

崔顥的出生地在汴州，離京城長安有數千里地。那麼，這個汴州到底是什麼地方呢？它就是赫赫有名的開封市，儘管後來在宋朝成為開國首都，但在唐朝時十分偏僻。雖然從小生活的地方不太有名，但一點也沒影響崔顥的寫作名聲。

由於天資聰慧，又刻苦努力，崔顥的詩名很快傳播了出去，成為北方小有名氣的少年詩人。當時，北海太守李邕，聽說有個年輕人崔顥很有才華，便想當面見一見他。這個李邕在唐朝很有名望，是富有盛名的書法家，其父李善，還為《文選》（梁蕭統編選）作

注。由於能書善文，許多中朝衣冠以及寺觀常以金銀財帛作為酬謝，請李邕撰文書寫碑頌。李邕當時得到的潤筆費十分可觀，這讓他非常富有。不僅享有盛名，李邕還很講義氣，愛惜英才，常用家資拯救孤苦，周濟他人。聽聞崔顥的名聲後，李邕便仔細打掃乾淨住房，發了請帖，「虛室以待」，以召見崔顥這位年輕才子，可見其重視程度。

崔顥得知大名鼎鼎的書法家、地方長官李邕要見自己，心裡還是有一些激動，便精心打扮了一番，拿著自己的詩稿去面見這位太守。相見時，李邕十分客氣，親自送茶，準備愉悅地與崔顥聊談人生。這時，崔顥也禮節性地從自己的袖袋中抽出了近作，遞給了文壇兼政壇大咖李邕。李邕捧在手裡，輕輕翻開詩卷開始認真閱讀，哪知剛讀到開頭兩句「十五嫁王昌，盈盈入畫堂」，臉色驟變，勃然喝道：「小兒無禮」，隨即「不予接而去」。看著李邕拂袖而去的背影，年少的崔顥不知所措，心裡既驚詫又失落，隨後便悵然離開了太守府。

那麼，崔顥遞給李邕的這首詩到底是什麼呢？原來，詩名叫〈王家少婦〉，內容如下：「十五嫁王昌，盈盈入畫堂。自矜年正少，復倚婿為郎。舞愛前谿綠，歌憐子夜長。閒時鬥百草，度日不成妝。」其實，筆者看來這首詩並沒有多少淫穢之處，只不過遇到了思想傳統、作風正派的李北海，而顯得不一樣了。從這一點看，崔顥的運氣趕不上白居易

和朱慶餘。朱慶餘當年獻了一首七絕給水部員外郎張籍〈上張水部〉：「洞房昨夜停紅燭，待曉堂前拜舅姑。妝罷低聲問夫婿，畫眉深淺入時無。」他把自己比作新娘子，把張籍比作公婆，得到了張籍的賞識，從此到處推薦朱慶餘，使其名聲大振。從內容上看，朱慶餘這首詩更出格，更淫豔，只不過遇到的伯樂不同，境遇就大不一樣了。大詩人白居易年輕時也獻詩〈賦得古原草送別〉給當時的文壇大咖顧況：「離離原上草，一歲一枯榮。野火燒不盡，春風吹又生。」顧況看後大為驚奇，拍案叫絕，馬上鄭重地說：「能寫出如此的詩句，白居也易！」從此，在顧況的吹捧下，白居易詩名遠播，仕途一帆風順。因此，相比而言，年少時的崔顥是個不幸的詩人，他未能遇到真正欣賞自己的伯樂。當然，最主要的一點還得怪崔顥自己，他沒有對李邕做前期調查和了解，比如李太守的愛好及習慣等。

青春正好中進士　四處漂泊路茫茫

然而，崔顥終歸是才華橫溢，誰也無法阻擋他的步伐。不到二十歲的崔顥，離開河南老家，遠赴千里之外的長安科考，並一舉高中進士。不過，他中進士的時間，歷史學界有幾種說法。宋朝學者陳振孫在《直齋書錄解題》卷十九內注：「唐司勛員外郎崔顥開元十年進士。」元朝辛文房《唐才子傳》說他「開元十一年源少良下及進士第」，明正德十年刻《崔顥詩集》則注「開元十二年姚重晟下進士」。但不管哪一年，崔顥中進士時依舊很年輕，在十八歲至二十歲之間，和唐代的王維、宋代的蘇東坡都是年少有成。

雖然年少成名，二十歲不到又喜中進士，但因為得不到有力人士的推薦介紹，崔顥只好遠離京城長安四處漂泊，前後長達二十年。在此期間，他足跡遍及大江南北，自淮楚而至武昌、河東，最後還到了東北。或許，這二十年，他一直在外地為官，或做幕僚，或為屬官。其中的漂泊之苦，渺茫之感，無奈而心傷。一句俗語叫「朝中有人好做官，朝中無人倍心酸」，崔顥沒有後臺，無奈四處漂泊。

老子說，福兮禍之所伏，禍兮福之所倚。或許，正是因為這長達二十年的漂泊不定才讓他的詩風大變，曾經的言情詩少了，雄渾奔放的力作不斷湧現。其邊塞詩如〈古遊俠呈軍中諸將〉：「少年負膽氣，好勇復知機。仗劍出門去，孤城逢合圍。殺人遼水上，走馬漁陽歸。錯落金鎖甲，蒙茸貂鼠衣。還家且行獵，弓矢速如飛。地回鷹犬疾，草深狐兔肥。腰間帶兩綬，轉眄生光輝。顧謂今日戰，何如隨建威。」再比如〈遼西作〉：「燕郊芳歲晚，殘雪凍邊城。四月青草合，遼陽春水生。胡人正牧馬，漢將日徵兵。露重寶刀溼，沙虛金鼓鳴。寒衣著已盡，春服與誰成。寄語洛陽使，為傳邊塞情。」這些詩歌頌了戍邊將士的勇猛，抒發了報國赴難的豪情壯志，熱情洋溢，風骨凜然，讓人刮目相看。

黃鶴樓上寫佳句　詩仙李白長太息

雖然年少時遭遇了李邕的打擊，喜中進士後仕途又未能如意，崔顥卻沒有因此而消沉，反而更加努力，作詩刻苦用功。據元代學者辛文房《唐才子傳》記載：「當病起清虛，友人戲之日，非子病如此，乃苦吟詩瘦耳！」翻譯成白話文就是，有一次崔顥大病初愈，朋友來探望他，見他清瘦的模樣，嘆息道：「你不是因為病成這樣子的，而是因為刻苦作詩，才瘦成這樣的！」

由於作詩刻苦，又天賦異稟，崔顥寫的好詩很多，《全唐詩》收錄了他的四十餘首詩歌，幾乎首首均是經典，比如〈長干曲四首〉、〈川上女〉、〈入若耶溪〉，寫邊塞的詩歌〈雁門胡人歌〉、〈古遊俠呈軍中諸將〉，古風〈代閨人答輕薄少年〉、〈長安道〉、〈盧姬篇〉、〈邯鄲宮人怨〉。其中〈渭城少年行〉一首，筆者認為很有意境，不妨與各位共賞。

洛陽三月梨花飛，秦地行人春憶歸。
揚鞭走馬城南陌，朝逢驛使秦川客。
驛使前日發章臺，傳道長安春早來。
棠梨宮中燕初至，葡萄館裡花正開。

念此使人歸更早，三月便達長安道。
長安道上春可憐，搖風蕩日曲江邊。
萬戶樓臺臨渭水，五陵花柳滿秦川。
秦川寒食盛繁華，遊子春來不見家。
鬥雞下杜塵初合，走馬章臺日半斜。
章臺帝城稱貴里，青樓日晚歌鐘起。
貴里豪家白馬驕，五陵年少不相饒。
雙雙挾彈來金市，兩兩鳴鞭上渭橋。
渭城橋頭酒新熟，金鞍白馬誰家宿。
可憐錦瑟箏琵琶，玉臺清酒就倡家。
小婦春來不解羞，嬌歌一曲楊柳花。

除了這首詩之外，崔顥最有名的詩歌當屬〈黃鶴樓〉。傳說李白壯年時到處遊山玩水，在各處都留下了詩作。當他登上黃鶴樓時，被樓上樓下的美景引得詩興大發，高亢激昂連呼「一忝青雲客，三登黃鶴樓」，正想題詩留念時，忽然抬頭看見樓上崔顥的題詩：「昔人已乘黃鶴去，此地空餘黃鶴樓。黃鶴一去不復返，白雲千載空悠悠。晴川歷歷漢陽樹，芳草萋萋鸚鵡洲。日暮鄉關何處是，煙波江上使人愁。」看到此詩，李白連稱「絕

妙、絕妙」，並當即念出「打油詩」來抒發感懷：「一拳搥碎黃鶴樓，一腳踢翻鸚鵡洲，眼前有景道不得，崔顥題詩在上頭。」自此便擱筆不寫黃鶴樓了。相傳有個少年丁十八揶揄李白：「黃鶴樓依然無恙，你是搥不碎了的。」真是煞有其事，成為文壇一段趣事。

南宋嚴羽《滄浪詩話．詩評》認為：「唐人七言律詩，當以崔顥〈黃鶴樓〉為第一。」直至清人孫洙編選的《唐詩三百首》，也把崔顥的〈黃鶴樓〉放在「七言律詩」的首篇。沈德潛更是盛讚此詩「意得象先，神行語外，縱筆寫去，遂擅千古之奇」。

豔詩並非只閨房　仕途曲折思故鄉

在歷代學者的研究中，對於崔顥頗有貶低之處，稱其「有文無行」。比如舊版《辭源》在對崔顥的注釋中就有「唐詩人，有文無行，終司勛員外郎」句。那麼，他怎麼「無行」呢？有史料稱：崔顥早期作詩「多寫閨情，流於浮豔」，再稱「娶妻唯擇美者」。誠然，作詩流於浮豔，固然不好。但不能將其全然否定，人家後期的詩歌可是連李白也自嘆不如。再說「娶妻唯擇美者」，誰心裡敢說不喜歡美女呢。「愛美之心，人皆有之」當然崔顥後來的「俄又棄之，凡四五娶」，就有點不好了。儘管古代流行三妻四妾，但休妻這樣的事還是不夠高尚，實為其人生一大硬傷。辭賦家司馬相如後來遇到漂亮的茂陵女了，本要休掉才女卓文君，但最終也作罷，還是迷途知返。年輕時的元稹玩了美女薛濤又中途

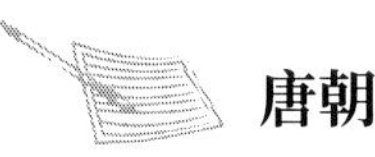

拋棄，但終究他們並未結婚，只能算談了場戀愛。言歸正傳，崔顥在休妻這方面誠然做得有錯，但是在詩歌的創作上確是天才之筆，的確值得後人學習與賞識。

另外，筆者閱讀發現，從崔顥流傳下來的四十多首詩歌中，描寫婦女的詩可分為一類，邊塞詩和山水詩又可分為一類，贈言記事等詩可分為一類。其中，描寫婦女的詩流傳下來的有十五首，這大概就是他「有文無行、名陷輕薄」的證據之一吧。比如〈相逢行〉中「女弟新承寵，諸兄近拜侯」句，明眼人一看便知崔顥影射的是楊貴妃及楊國忠。但從另一個角度看，說明崔顥「敢言敢恨」，在貴妃得寵、楊氏竊柄弄權時，大多數人隱忍而不發一言，而崔顥卻寫詩諷刺，其膽量非一般人可比。再比如〈盧姬篇〉中「人生今日得驕貴，誰道盧姬身細微」及〈長安道〉中「莫言炙手手可熱，須臾火盡灰亦滅」等，更展現了崔顥針砭時弊、諷刺楊氏的大膽思想和前衛藝術。至於其他邊塞詩，筆者前面已經做過介紹，就不必重複推崇了。

雖然崔顥跌宕一生，最終只當了太僕寺丞、司勛員外郎這樣的官職（杜牧也曾任此職，被稱為杜司勛），但這並不能掩蓋崔顥在唐詩創作上的才華和貢獻。令人遺憾的是崔顥自從二十歲離開汴州去長安科考成功後，便很少踏上故鄉的土地。在他所遺的詩篇中，只有一篇是寫他回鄉的。這首詩名叫〈晚入汴水〉：「昨晚南行楚，今朝北溯河。客愁能

幾日？鄉路漸無多。晴景搖津樹，春風起棹歌。長淮亦已盡，寧復畏潮波。」從詩意看，崔顥對故鄉雖有著濃烈的思念，但因四處漂泊，仕途茫茫，最終也只能走上飄搖的遠方。

唐天寶十三年（七五四年），年僅五十歲的崔顥去世，一代天才就像雲層之上的明星，他詩歌的光芒在文壇的天空閃耀。斯人雖已遠去，但燦爛的詩篇依舊被人們記住。這是崔顥未曾想到的。或許，這也是一種宿命吧。

駱賓王——令武則天遺憾的天才文人

「鵝鵝鵝，曲項向天歌。白毛浮綠水，紅掌撥清波。」提起這首詩，許多人早已耳熟能詳。寫這首詩的作者，不是一般人，而是天下知名的「神童」駱賓王。那麼，如此優秀的少年才俊，最後的命運如何呢？他是否又實現了自己的夢想？接下來，筆者將一一告訴您答案。

少年天才寫古詩　一舉成名天下知

駱賓王，約出生於貞觀十二年（六三八年），去世於光宅元年（六八四年），活了大概四十六歲。之所以取這個名字，大概是因為《易經》中觀卦有「觀國之光，利用賓於王」之緣故吧。駱賓王的籍貫為浙江省義烏縣，其父當過青州博昌縣令。他與杜甫有一點相似，均是縣令的兒子，算是生活在小康富裕之家，也是個地方「官二代」。但是，駱賓王運氣不好，還未成年，其父就病死了。從現代的角度來看，駱賓王的父親是個優秀的公務員，任勞任怨，將自己的青春和才華都奉獻給了大唐的事業，最終倒在了辦公桌上。父親去世後，駱賓王一家的日子就艱難起來，過得窘迫而貧寒。

慶幸的是，駱賓王是天才，七歲能詩，號稱「神童」，〈詠鵝〉就是此時所作。因為有了〈詠鵝〉詩，駱賓王一舉成名天下知。雖然家境貧寒，但年紀輕輕，他就找到了第一份工作。六五〇年，年僅十二歲的駱賓王就受皇親貴族道王李元慶之邀，面見時道王叫他陳述才能，駱賓王恥於自炫，辭不奉命。沒過多久，駱賓王還是被朝廷拜為奉禮郎，做了東臺詳正學士的官。之後，他在多地任小官，漂泊流浪，這樣的日子，大概持續了十五年。駱賓王命運多舛，期間因事被謫，從軍西域，久戍邊疆。後入蜀，居姚州道大總管李義軍幕，平定蠻族叛亂，當時對外的文檄多出駱賓王之手。

在蜀時，駱賓王與「初唐四傑」之一的盧照鄰很熟悉，兩人常常寄詩唱酬。這一點類似於元稹和白居易，兩人也是寫詩唱和，被時人稱為「元白」。這大概就是文壇中常說的惺惺相惜吧。

仕途不順又下獄 一怒衝冠撰檄文

為官期間，駱賓王雖才華橫溢，終究不曾被帝王賞識，官職一直未能得到提升。儀鳳三年（六七八年），他調任武功主簿、長安主簿，又由長安主簿入朝為侍御史。

上任侍御史後，駱賓王常常上書，針砭時弊，因此得罪了當朝權貴，被治罪入獄。駱賓王非常悲傷，在獄中又憤懣又鬱悶，遂寫了千古名篇〈在獄詠蟬〉，內容為：「露重飛難進，風多響易沉。無人信高潔，誰為表予心？」此詩透過秋蟬抒發自己的悲憤和無奈。第二年，駱賓王遇赦得釋，沒多久便出任臨海縣丞，後世稱駱臨海。駱賓王經歷了這一次打擊，對朝廷失去了信心，一氣之下便棄官遊覽廣陵，作詩明志：「寶劍思存楚，金椎許報韓。」

又過了三四年，武則天廢中宗自立，當年九月，徐敬業（即李敬業，李勣之孫）在揚州起兵聲討。正在遊覽的駱賓王，被邀為徐府屬，任為藝文令，掌管文書機要。

在徐敬業的鼓動下，加上曾經蒙冤入獄的憤懣，駱賓王未曾推辭，就起草了著名的〈為徐敬業討武曌檄〉，其辭慷慨激昂，氣吞山河。當武則天讀到「一抔之土未乾，六尺之孤何託」，惶然問：「誰為之？」或以賓王對，武則天感嘆曰：「宰相安得失此人？」此文受到武則天的賞識，對宰相未能用其才而感到遺憾。全文如下，不妨與各位共賞。

唐朝

為徐敬業討武曌檄

偽臨朝武氏者，性非和順，地實寒微。昔充太宗下陳，曾以更衣入侍。洎乎晚節，穢亂春宮。潛隱先帝之私，陰圖後房之嬖。入門見嫉，蛾眉不肯讓人；掩袖工讒，狐媚偏能惑主。踐元后於翬翟，陷吾君於聚麀。加以虺蜴為心，豺狼成性。近狎邪僻，殘害忠良。殺姊屠兄，弒君鴆母。神人之所共嫉，天地之所不容。猶復包藏禍心，窺竊神器。君之愛子，幽之於別宮；賊之宗盟，委之以重任。嗚呼！霍子孟之不作，朱虛侯之已亡。燕啄皇孫，知漢祚之將盡。龍漦帝后，識夏庭之遽衰。

敬業皇唐舊臣，公侯塚子。奉先帝之成業，荷本朝之厚恩。宋微子之興悲，良有以也；袁君山之流涕，豈徒然哉！是用氣憤風雲，志安社稷。因天下之失望，順宇內之推心。爰舉義旗，以清妖孽。

南連百越，北盡三河；鐵騎成群，玉軸相接。海陵紅粟，倉儲之積靡窮；江浦黃旗，匡復之功何遠！班聲動而北風起，劍氣沖而南斗平。喑嗚則山岳崩頹，叱吒則風雲變色。以此制敵，何敵不摧？以此圖功，何功不克？

公等或居漢地，或協周親；或膺重寄於話言，或受顧命於宣室。言猶在耳，忠豈忘心。一抔之土未乾，六尺之孤何託？倘能轉禍為福，送往事居，共立勤王之勳，無廢大君之命，凡諸爵賞，同指山河。若其眷戀窮城，徘徊歧路，坐昧先機之兆，必貽後至之誅。請看今日之域中，竟是誰家之天下！

兵敗逃亡四海地　後生有幸見一回

六八四年十一月，徐敬業兵敗被殺，駱賓王下落不明。此事出處在《新唐書》，書中記載他「亡命不知所之」。

元代學者辛文房《唐才子傳》更有詳細記載：「駱賓王及敗亡命，不知所之。後宋之問貶還，道出錢塘，遊靈隱寺，夜月，行吟長廊下，曰：『鷲嶺鬱岧嶢，龍宮隱寂寥。』未得下聯。有老僧燃燈坐禪，問曰：『少年不寐，而吟諷甚苦，何耶？』之問曰：『欲題此寺，而思不屬。』僧笑曰：『何不道樓觀滄海日，門對浙江潮。』之問終篇曰：『桂子月中落，天香雲外飄。捫蘿登塔遠，刳木取泉遙。雲薄霜初下，冰輕葉未凋。待入天臺寺，看余渡石橋。』僧一聯，篇中警策也。遲明訪之，已不見。老僧即駱賓王也。傳聞桴海而去矣。後，中宗詔求其文，得百餘篇及詩等十卷，命郗雲卿次序之，及《百道判集》一卷，今傳於世。」

這段話翻譯成白話文的意思就是，駱賓王當年隨徐敬業叛亂失敗後不知所蹤，後來有一個大才子宋之問被貶後夜宿靈隱寺，看到眼前美景想做一副對聯，卻苦於思路不暢，久久未曾做出。這時，剛好有一位老僧人幫他想了一句「樓觀滄海日，門對浙江潮」，對仗工整，氣象高遠，令宋之問折服，驚問到底何人。寺廟熟悉內情的僧人就告訴宋之問，他

就是大名鼎鼎的駱賓王。但是第二天，宋之問想繼續請教駱賓王時，其人卻不知所蹤，傳聞說他離開了。

不過，雖然駱賓王仕途一直不順，後因叛亂逃亡，但大唐對其還算仁義。在中宗時，朝廷就曾下詔全國，收集駱賓王的詩文共百餘篇，由政府出資印刻了一本《駱賓王文集》，終於傳到今世。這或許就是宿命吧，冥冥之中自有安排。正如李白詩云：「古來聖賢皆寂寞，唯有飲者留其名。」

王勃——絕世天才，可嘆英年早逝

在歷朝文人墨客中，王勃當屬最特別、最有才華的一位。曾有學者盛譽：「如王勃不死，太白也為之側目。」是的，在大唐歷史上，如果非要找一位詩人與李白比天賦和才情，除了杜甫之外，王勃是最接近的一位。「落霞與孤鶩齊飛，秋水共長天一色」一句就足以讓其光照千古，名傳後世，可惜英年早逝，令人無限悲傷。

少年天才驚帝王　文章辭賦傳四方

王勃，約出生於永徽元年（六五〇年），字子安，漢族，古絳州龍門（今山西省河津

市）人，自小生活在儒學世家。其祖父王通，隋末學者、教育家，曾任蜀郡（今四川省）司戶書佐，蜀王侍讀，後棄官，以著書講學為業。從王通去世的年代來看，王勃從小就沒有見過祖父。王勃的父親王福疇，在唐朝時歷任太常博士、雍州司功參軍、六合交趾二縣令、齊州長史。澤州長史等，撰有《王氏家書雜錄》，也是一個頗有影響的文人。出生在這樣的書香門第，官宦世家，王勃接受了良好的教育，加上天資聰慧，六歲時就顯現出少有的才能，擅作古詩，且詩文構思巧妙，詞情英邁，被當時的文壇大咖杜易簡稱讚為「王氏三株樹」之一。這還不算厲害，王勃年幼時又做出了驚人之舉。在讀完顏師古注的《漢書》後，王勃竟然撰寫了《指瑕》十卷，一一列出了顏師古著作的錯誤之處，其博學多才怕是當今的許多教授也無法比擬。十歲時，王勃已飽覽六經。十二歲至十四歲時，王勃跟隨曹元在長安學醫，先後學習了《周易》、《黃帝內經》、《難經》等，對「三才六甲之事，明堂玉匱之數」有所研究。

十四歲的少年，不僅會作詩，還會讀書，同時又懂醫學，這不是天才是什麼呢？六六三年，王勃回到家鄉，撰寫了〈上絳州上官司馬書〉等文章，他希望學習李白，透過文章贏得君王的賞識，從而入仕為官。這一篇文章引起的反響不大，第二年王勃再接再厲，又上書劉祥道，直陳政見，並表明自己積極用世的決心，深得劉祥道讚賞「此神童也」！

之後，他又透過皇甫李常伯向唐高宗獻〈乾元殿頌〉、〈宸遊東岳頌〉，藉獻「頌」以圖仕進之意甚明。這一次他的獻文得到了回應，唐高宗見此頌詞，歌功頌德，詞美義壯，文章雄邁，乃是未及弱冠的神童所為，驚嘆不已：「奇才，奇才，我大唐奇才！」

自此，王勃的文名也為之大振，盛譽傳揚四方。很快，他就應幽素科試及第，並被授為朝散郎，這時王勃才十五歲，他也因此成為朝廷中最年少的命官。

命運坎坷多歧路　禍起天真〈鬥雞賦〉

王勃有一首詩〈送杜少府之任蜀州〉，其中一句：「無為在歧路，兒女共霑巾。」這首詩似乎真實刻畫了王勃自己，雖然少年有名，又早進仕途，但他的命運頗多坎坷和歧路。

當上朝散郎後，經主考官的介紹，王勃擔任沛王府修撰，並贏得沛王李賢的歡心。由於主僕關係很好，王勃經常和沛王一起出去遊玩。沛王喜歡鬥雞，有一次與英王李哲相約遊戲，作為下屬的王勃為了助興，便寫了一篇〈檄英王雞〉，以此討伐英王的鬥雞。

本來是遊戲之舉，玩笑之文，卻不料被小人將此文遞傳到了唐高宗手中。高宗大為惱火，勃然大怒：「歪才，歪才！二王鬥雞，王勃身為博士，不但不進行勸誡，反而作檄文有意虛構，誇大事態，立即把他逐出王府。」唐高宗認為此篇意在挑撥離間，欽命將他

逐出長安。於是，王勃被逐。本以為透過自己的文采和苦心，打通了官場的道路，他卻因一時的天真和衝動葬送了自己的前途。

然而，霉運並沒有到此結束。咸亨二年（六七一年）秋冬，王勃從蜀地返回長安參加科選。他的朋友凌季友深知王勃懂醫，便為他在虢州謀得一個參軍之職。在任參軍期間，有個叫曹達的官奴犯罪，王勃好心將罪犯藏匿起來，但後來又怕走漏風聲，無奈殺死曹達，結果犯了死罪。幸而遇大赦，王勃未被處死。據新舊《唐書》所載，王勃此次惹禍，是因恃才傲物，為同僚所嫉。官奴曹達一事，有人懷疑為同僚設計構陷王勃，或純屬誣陷。這有一定道理，文人親手殺人，自古少之。想必王勃不會有此魯莽之舉。但不管怎樣，經過這兩件事，王勃在官場遭到了沉重的打擊，之後他始終未曾振作起來。

千金難買一字空　滕王閣序傳千古

逢上元二年（六七五年）重陽佳節，二十六歲的王勃去看望自己的父親。路過洪州時，正遇南昌都督閻伯嶼重建滕王閣，大擺宴席，邀請遠近文人學士，共為滕王閣題詩作序，王勃剛好碰上，自然是其中賓客。

在宴會中，其他人冥思苦想，終不成。王勃卻略微思索，便一揮而就寫下著名的〈滕王閣序〉，隨後又補上序詩：「閒雲潭影日悠悠，物換星移幾度秋。閣中帝子今何在？

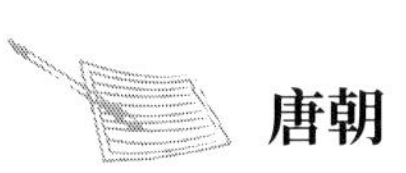

檻外長江□自流。」詩中王勃故意空了一字，然後把序文呈上都督閻伯嶼，便起身告辭。

閻大人看了王勃的序文，大為盛讚。讀到最後，他又發現一個問題，後句詩中空了一個字，很是納悶。作陪的文人雅士議論紛紛，有說可填「水」字，有說應補「獨」字，但都不讓人滿意。無奈，大家又一致決定快馬加鞭追趕王勃，請他把空了的字補上。步行的王勃很快就被追上，當聽到來意後，其隨從搶著說道：「我家公子有言，一字值千金，望閻大人海涵。」

閻伯嶼得知了情況，命人備好紋銀千兩，親自率眾文人學士，趕到王勃住處。王勃接過銀子故作驚訝：「何勞大人下問，晚生豈敢空字？」眾人聽了不知其意，有人便問道：「那所空之處該當何解？」王勃笑道：「空者，空也。閣中帝子今何在？檻外長江空自流。」眾人聽後一致稱妙，閻官員也意味深長地說：「一字千金，不愧為當今奇才！」

魂歸南海別世去　徒令君王常嘆息

大約在上元三年（六七六年）春夏，二十七歲的王勃到了交趾縣，見到了他被貶僻壤的父親王福疇，悲喜交加，涕淚泗流。但是，兩人相聚的時間並沒多久，王勃就又踏上了歸途。當時正值夏季，南海風急浪高，天才王勃不幸溺水，驚悸而死。

當年冬，唐高宗讀到了〈滕王閣序〉，當見有「落霞與孤鶩齊飛，秋水共長天一色」

句，不禁拍案，驚道：「此乃千古絕唱，真天才也。」接著又讀下段，見一首四韻八句詩：「滕王高閣臨江渚，佩玉鳴鑾罷歌舞。畫棟朝飛南浦雲，珠簾暮卷西山雨。閒雲潭影日悠悠，物換星移幾度秋。閣中帝子今何在？檻外長江空自流。」高宗一掃成見，連聲嘆道：「好詩，好詩！作了一篇長文字，還有如此好詩作出來，豈非強弩之末尚能穿七扎乎！真乃罕世之才，罕世之才！當年朕因鬥雞文逐斥了他，是朕之錯也。」於是高宗問道：「現下，王勃在何處？朕要召他入朝！」太監吞吞吐吐答道：「王勃已落水而亡。」唐高宗喟然長嘆，自言自語：「可惜，可惜，可惜！」

天才世少有，皇天卻嫉之。絕頂優秀的王勃，還沒能好好展現自己的才華，就不幸離開了人間，可悲可嘆。有學者在談到王勃詩歌對後代的貢獻時，讚美說：「正如太陽神萬千縷的光芒，還未走在東方之前，東方是先已布滿了黎明女神的玫瑰色的曙光了。」他稱讚王勃為盛唐詩歌的黎明女神。「女神」雖然美麗，但太過短暫，實為文壇一大憾事，令人無限悲傷。

王維——文人富貴者豈止高適

在文壇中流傳著這樣一句話，「文人富貴者僅有高適一人而已」。當我還是少年時對此堅信不疑。但後來隨著閱歷的增加，閱讀量的增大，思想的漸趨成熟，我才慢慢對此觀點產生懷疑。首先分析該言論來源，它出自後晉宰相趙瑩主持編修的《舊唐書》，該書〈高適傳〉云：「有唐以來，詩人之達者，唯適而已。」這僅僅只是趙瑩個人的論斷，一是趙瑩本身是宰相，在他看來，所謂達者必封侯拜相；二是他眼中的詩人非李白、杜甫等一流不可；三其身處晉代，還不知宋後之事，於是才有了如此偏頗之結論，而後人斷章取義，越傳越離奇了。如反駁，只需舉初唐的上官儀、李嶠，盛唐的張說、蘇頲、張九齡，中晚唐的李德裕、李紳、牛僧孺等，他們都做到觀察使、節度使，並入朝拜相，其中好幾位還封為「國公」，怎能說不顯達呢，更別說宋朝時的文壇大咖歐陽修、王安石、蘇軾、晏殊等「宰相級」詩人了。再比如今天筆者要為大家介紹的大詩人王維，依舊打破了文壇流行的觀點。請隨筆者一同細細品味。

翩翩少年才華顯　一舉成名中狀元

七〇一年的某一天，在河東蒲州（今山西省運城市）降生了一個男孩，剛出生時並沒有什麼異樣的徵兆，但是後來他成為大唐文學史上最燦爛的明星之一，他就是大名鼎鼎的「詩佛」王維。

王維的父親王處廉做過汾州司馬，但王維成年後的詩中很少提及自己的父親，筆者猜

測其父應該很早就去世了。儘管如此，王處廉卻做過一件很重要的事，他學習「孟母三遷」，將自己的家遷到了蒲州，才讓王維出生的環境稍微優越一些。王維的母親是博陵崔氏，在當地屬於名門望族。由於家庭環境較好，王維從小接受的教育比其他寒門子弟更為良好。王維幼年時，就與弟弟王縉一樣聰明過人，才華早顯，成為當地的神童。

十五歲時，翩翩少年王維就趕去京城長安應試。因為不僅能寫一手好詩，工於書畫，還具備音樂天賦，所以王維一到京城，就立刻成為王公貴族的座上賓。即便與貴族有了往來，遇到了願意幫助自己的貴人，但是成功還是需要靠自己，王維也必須進行正規科考的流程，才能順利進入仕途。

接下來的幾年，王維開始在京東「活絡」起來。在考試之前，王維聽說當朝名士張九皋也打算科考，並拿到了一封太平公主寫的推薦信，已呈給長安的主考官了。這時的王維很是焦急，他擔心自己的名次會因此降低，便去找岐王想辦法。這個岐王很有名，許多唐詩中都曾介紹過他，比如杜甫在〈江南逢李龜年〉中就云：「岐王宅裡尋常見，崔九堂前幾度聞。最是江南好風景，落花時節又逢君。」詩中的岐王就是王維要找的好朋友。

王維求助於自己，一向慷慨的岐王欣然應允，並當成自己的事一樣盡心盡力，安排了一個局。他先讓王維精心修飾打扮一番，可能正如當前的新鮮人要面試一樣，要去服飾店

買一套西裝，打上領帶，順帶加上一雙皮鞋。王維應該也買了新衣服，體面地化了妝，忐忑不安地隨著岐王去了太平公主的府上，以獻酒樂的名義去拜訪。在宴會上，王維演奏了一曲哀切的〈鬱輪袍〉，讓本就對王維外貌心生好感的公主非常高興，也十分驚訝。早有計劃的岐王，這時才趁機誇獎道：「眼前的這位書生，可不僅僅只通音律，而且詩作當今無人能及。」公主聽了更加驚訝，當即要了王維的詩作，當品讀到〈山居秋暝〉一詩時，驚訝萬分，這不是早讀過嗎？原來公主還是王維的讀者和粉絲。她高興地叫道：「我平時最愛這首詩了，還以為是古人佳作。沒想到，作者就在眼前啊！」隨後，公主立即請王維換上正裝，坐到貴賓席，格外尊重，再也不把他當藝人了。

經過這次接觸，王維想要考科舉的事也不是什麼大事了。太平公主積極為王維創造機會，並將京兆府主考官招到府中，隆重推薦王維。自此，王維順利地當上了解頭，並在來年春天（七三一年）的省試中成功被點為狀元，蜚聲四方。

齊名好友孟浩然　推薦不力空遺憾

開元十九年（七三一年），二十歲的王維狀元及第，歷官右拾遺、監察御史、河西節度使。唐玄宗天寶年間，王維拜吏部郎中、給事中等職。雖然身居高位，但王維依舊閒暇時樂於寫詩，並參禪悟理，學莊通道，精通詩、書、畫、音樂等，尤長五言，多詠山水田

園，與孟浩然合稱「王孟」，有「詩佛」之稱。其書畫特臻其妙，後人推其為南宗山水畫之祖。蘇軾評價其：「味摩詰之詩，詩中有畫；觀摩詰之畫，畫中有詩。」

雖然王維官運亨通，曾任節度使，但與他齊名的孟浩然終生仕途不順，被稱為「布衣詩人」。孟浩然是湖北襄陽人，青年時隱居在鹿門山一心寫詩，四十歲才選擇出山。這時王維已名滿天下，孟浩然便去拜訪這位久仰的朋友，希望得到引薦。王維熱情接待了孟浩然，並留其居住在自己府上，尋機向朝廷推薦。剛好有一次，孟浩然正與王維談詩論道，唐玄宗李隆基忽然來了。由於孟浩然是布衣不能貿然面聖，便慌張地躲在床底下。唐玄宗與王維談了一些政治事務之後，王維便實話告知玄宗孟浩然在自己家，並就在床底下。玄宗笑著說不妨，令孟浩然從床底下鑽出來相見。玄宗讓孟浩然獻詩，孟浩然便將自己的代表作〈歲暮歸南山〉呈上。詩云：「北闕休上書，南山歸敝廬。不才明主棄，多病故人疏。白髮催人老，青陽逼歲除。永懷愁不寐，松月夜窗虛。」

唐玄宗看了「不才明主棄」這一句不大高興，悻悻然說：「豈有此理，你自己不來找我，怎麼還能說我棄你呢！」孟浩然雖有詩才，卻情急口吃，當時竟無法巧妙周圓，自此便與仕途絕緣了。這有點類似於柳永，因〈鶴沖天〉中一句：「何須論得喪。才子詞人，自是白衣卿相……忍把浮名，換了淺斟低唱。」他不以落榜為羞，倒將牢騷潑灑得鋪天蓋

地。此詞流傳很廣，竟被仁宗皇帝讀到，便御批道：「且去淺斟低唱，何要浮名？」於是，柳永和孟浩然一樣，因為一首詩葬送了前程。

因為得罪了皇帝，王維也不敢再次冒上推薦，孟浩然在長安住了一陣子，越覺仕途無望，加上自己的倔強個性，又不願意做幕僚屈身於人，最後毅然返回襄陽去了。從此，大唐少了一個尚書，卻成就了頂級的「田園詩人」。後來，孟浩然病逝，王維很是悲傷和內疚，便出錢替孟浩然建造墳墓，修建孟亭、畫遺像、出詩集，似乎想以此彌補當年推薦不力的遺憾。

安史之亂名節丟　亦官亦隱萬古愁

除了盡心當官建立功業外，王維還是一個懂得享受的人，他利用官僚生活的空餘時間，在京城長安南邊的藍田山麓修建了一所別墅，名叫輞川山莊，以休養身心。該別墅原為初唐詩人宋之問所有，那是一座很寬闊的去處，有山有湖，有樹有穀，其間散布著若干館舍。《唐詩三百首》中選錄的〈積雨輞川莊作〉就描寫過這所別墅，詩云：「積雨空林煙火遲，蒸藜炊黍餉東菑。漠漠水田飛白鷺，陰陰夏木囀黃鸝。山中習靜觀朝槿，松下清齋折露葵。野老與人爭席罷，海鷗何事更相疑。」王維與他的知心好友平時就在這座別墅裡過著悠閒自在、半官半隱的閒適生活。

然而，這樣閒適的日子不久就被安史之亂打破了。七五六年，京城長安被叛軍攻陷，王維被捕，被迫出任偽職，自此丟掉了名節。戰亂平息後，王維被下獄，交付有司審訊。按理投效叛軍當斬，但因他被俘時曾作〈凝碧池〉：「萬戶傷心生野煙，百僚何日更朝天？秋槐葉落空宮裡，凝碧池頭奏管弦。」詩歌中抒發了亡國之痛和思念朝廷之情，才免於死刑。又因為其弟刑部侍郎王縉平反有功，又請求削籍為兄贖罪，王維才得寬宥，被降為太子中允，後兼遷中書舍人，官終尚書右丞。

雖然再次身居要職，但此時的王維已無心官場，選擇歸隱田園，常與裴迪等詩人同遊，賦詩為樂，默默無聞地度過了餘生。

詩如畫卷傳四海　三絕禪佛稱地才

早年，王維積極為自己遠大的政治抱負奮鬥不息，但安史之亂後，他似乎看透了紅塵，吃齋研究佛道，精神也逐漸消沉。〈輞川閒居贈裴秀才迪〉這首詩，似乎就是那段時間生活的寫照。透過對裴秀才的勸誡以表達自己歸隱不問世事的態度，詩中寫景自然清新，如有淡遠之境，大有淵明遺風。

上元二年（七六一年），一代大詩人王維逝世。臨終時，他仍作書向親友辭別。儘管人死不能復生，但王維的詩歌流傳了下來，其成就鮮有人能比。無論邊塞詩、山水詩，還

是律詩、絕句，王維都有膾炙人口的佳篇。世有「李白是天才，杜甫是地才，王維是人才」之說，後人亦稱王維為「詩佛」，此稱謂不僅是言王維詩歌中的佛教意味和王維的宗教傾向，更表達了後人對他在唐朝詩壇崇高地位的肯定。錢鍾書則將王維稱為「盛唐畫壇第一把交椅」，是文人畫的南山之宗。杜甫也稱他「最傳秀句寰區滿」。

筆者個人認為，王維詩雖不能與李、杜相提並論，但在藝術方面，確有其獨特的成就與貢獻。正如元代才子辛文房讚譽：「維詩入妙品上上，畫思亦然。至山水準遠，雲勢石色，皆天機所到，非學而能。」

李賀——嘔心瀝血寫詩的「鬼才」

在當前的文學研究中，許多學者會提到一個流派，那就是西方魔幻現實主義，譬如為此而實踐成功的文壇巨匠福克納（Faulkner）、馬奎斯（Marquez）等。然而，筆者認為他們似乎太過於「崇洋媚外」，否定了前人的文學探索。因為魔幻現實主義的概念，並不是從西方而來，最早的起源當屬於大唐「詩鬼」李賀，是他開創了魔幻現實主義的寫作手法，為詩歌的創新與發展做出了巨大的貢獻。那麼，李賀到底是一個怎樣的人物，他的人生又遭遇了什麼挫折，請隨筆者一同細細品讀。

家道中落人清瘦　七歲作詩傳九州

提起李賀這個人，他的家世可不簡單，有著王族的血統。李賀的遠祖是唐高祖李淵的叔父李亮（大鄭王），屬於唐宗室的遠支。但是，到李賀父親李晉肅時，卻已世遠名微，家道中落了，最後竟隱淪在昌谷（今洛陽宜陽縣三鄉）艱難度日。

這個李晉肅是誰呢，杜甫和我們提到過，那是他的親戚。

七六八年深秋，在湖北荊州市公安縣的江漢平原上，大詩人杜甫拉著李晉肅的手『相看淚眼』，十分惆悵。因為杜甫外公的外公的八叔是李晉肅的先祖。按照輩分算來，兩人是表兄弟。那麼，李賀就是杜甫的表姪子。當時，杜甫離開江漢平原後，還專門寫了一首詩〈公安送李二十九弟晉肅入蜀餘下沔鄂〉：「正解柴桑纜，仍看蜀道行。檣烏相背發，塞雁一行鳴。南紀連銅柱，西江接錦城。憑將百錢卜，飄泊問君平。」翻譯成白話文的意思就是：「解掉那柴桑纜就要離開了呢，忍不住還要看一看四川的路。捨不得啊，捨不得啊，還是回我們的船吧。我們兩人就要相背遠離了。Goodbye！Goodbye！那天上的雁啊，也排成一行在悲鳴……」

四十年後，也就是七九〇年，在福昌縣昌谷出生了一個天才，正是李晉肅的兒子，並取了一個最吉利的名字「李賀」，字長吉，希望他一生都吉祥。但沒想到，這個希望並沒有變為現實。不過，這孩子並不像李晉肅，只會寫一些三流詩，而是雄姿英發，從杜甫的手中接過熊熊火炬，照耀了唐詩的輝煌之路。

言歸正傳。李賀對自己大唐皇室的高貴血統很是自豪，在他的詩歌裡一再提起：「唐諸王孫李長吉」、「宗孫不調為誰憐」、「為謁皇孫請曹植」。他出身雖高貴，但畢竟家道中落了。李賀在自述家境時就說：「我在山上舍，一畝嵩磽田。夜雨叫租吏，春聲暗交關。」（〈送韋仁實兄弟入關〉）李賀的母親鄭氏，生一女二子。家裡日子不怎麼樣，可能相當於小富農家。這點類似於三國時期的劉備，雖為皇室遠親，以劉皇叔自稱，其實家道中落，就是個賣草鞋的。要不是豬肉銷售商張飛變賣了家產，劉備也沒有第一桶金，哪裡還有後面的事呢。

由於沒有王維、杜甫、李白等詩人的好家境，李賀從小因為營養不良，導致體形細瘦，但才思非常聰穎，七歲能詩，又擅長「疾書」。說到這裡還有一個故事，《新唐書》記載，七九六年，文壇大咖韓愈、皇甫湜親自到李賀家裡造訪，想見識一下這位文學神童的才華。當時，年僅七歲的李賀提筆迅疾寫就〈高軒過〉一詩，內容為：「華裾織翠青如蔥，金環壓轡搖玲瓏。馬蹄隱耳聲隆隆，入門下馬氣如虹。雲是東京才子，文章巨公。二十八宿羅心胸，元精耿耿貫當中。殿前作賦聲摩空，筆補造化天無功。龐眉書客感秋

蓬，誰知死草生華風？我今垂翅附冥鴻，他日不羞蛇作龍！」韓愈與皇甫湜大吃一驚，對其讚賞有加，李賀從此名揚九州。

寫詩拜望韓大咖　少年天才不自誇

出名之後，李賀將大量時間和精力都花在了寫詩上面。白天，他常常騎著驢子在城鄉之間閒逛，就像當代的文藝家一樣開著車，到山間小溪處拍拍照，留留影，采采風。每想到一句好詩，李賀立即寫在紙上，然後放進自己早已準備好的錦囊。到了夜裡，回到家，李賀又急急忙忙從錦囊裡掏出詩句仔細潤色修改，真是焚膏繼晷，刻苦異常。大詩人李商隱在其〈小傳〉中就專門寫了李賀：「恆從小奚奴，騎巨驢，背一古錦囊，遇有所得，即書投囊中，及暮歸，太夫人使婢受囊出之，所見書多，輒曰：『是兒要當嘔出心乃已耳！』」由於天賦突出，又勤奮努力，貞元二十年（八〇四年），十五歲的李賀就已譽滿京華，與當時的文壇大咖李益齊名，並稱「二李」。

然而，大凡新人要名揚文壇奠定其崇高地位，一般都會去拜訪大咖級的人物，李賀也不例外。當時，文壇最有名望的大師就是韓愈。而文壇最出名的活動則叫「古文運動」，其管理者和推動者就是大名鼎鼎的韓愈。除了身居要職，在文壇開創流派之外，韓愈閒暇時也寫寫文章。畢竟人家是大咖，出場費貴得要命。比如他替人寫個墓誌銘，收費動不動

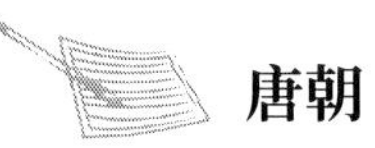

「馬一匹，並鞍、銜及白玉腰帶一條」，或是「絹五百匹」，值好幾百貫錢。如果按當時的物價算，京城三品大官不算祿米和職田，月薪也就六貫錢，年薪也就七十二貫錢。韓愈一篇文章，就相當於人家幾年的基本薪資。

然而，就是這樣一個文壇大咖，在「詩鬼」李賀的眼中卻無比平常。雖然在心裡不以為然，但李賀還是做了一些準備。畢竟人家韓愈「日理萬機」，除了處理日常公務外，還得操心著文壇的雜事，要見這樣一位大咖，也不是說見就能見的。李賀想，不見則已，一見一定要驚人，於是他精心挑選了自己最得意的詩歌〈雁門太守行〉，到東都洛陽去拜謁韓愈，這一年李賀十八歲。

來到韓愈的府邸，韓愈剛剛接待了一批粉絲。本來就已經很困乏了，這時他的僕人走進來報告說：「老爺，有個年輕人要見您。」「太累了，讓他明天再來……」韓愈有點不耐煩。「這個人，您曾經見過，是來投稿的。」僕人回答。「見過？」韓愈轉念又想，自己每天接待粉絲，出席文壇活動，見過的人多了去了，本不稀奇。不過，既然他來投稿，就讓他把稿子送進來吧。隨即，韓愈脫掉正裝，穿上睡衣，躺在椅子上開始看僕人遞進來的稿子〈雁門太守行〉：「黑雲壓城城欲摧，甲光向日金鱗開。角聲滿天秋色裡，塞上燕脂凝夜紫。半卷紅旗臨易水，霜重鼓寒聲不起。報君黃金臺上意，提攜玉龍為君死。」

「呀，這是天才之作！」才讀了幾行，韓愈就激動地跳了起來，從來沒有見過這樣新鮮絕倫的句子，不比李白的浪漫，杜甫的沉鬱，更不比王維的閒適，李賀的詩歌獨創一派，天才筆法。他興奮地大喊：「快去把那個年輕人找回來。」

「是是，我去把那個人叫回來……」僕人說。

「我說的是李賀！找投稿的李賀啊！」

過一下子，僕人快馬加鞭就把李賀叫了回來。韓愈見到了文壇新人李賀，他緊握著這個年輕人的手，鄭重地說了短短幾個字：「長大了，真長大了。明天，我就特別為你設置一個屬於你的版面！」

仕途失意徒悲傷　魔幻詩歌詠故鄉

有了韓愈的大力推薦外，李賀的名聲大噪，在京城文壇圈成了炙手可熱的人物。有了名氣，自然會想著走進官場一展才華。李賀便開始專心準備科考。但是，哪裡知道變故由此而來。正當他欲在科場大展身手時，他的父親卻不幸去世了。當時，服喪「務必以二年全期為限」，所以李賀只能帶著悲痛的心情回到故鄉。

在故鄉的日子，看到日漸敗落的家庭，李賀很是惆悵。姐姐嫁人了，弟弟在外謀生，家裡只有他和老母親相依為命。李賀又將自己的精力花在了寫詩上面。在此期間，他曾謀

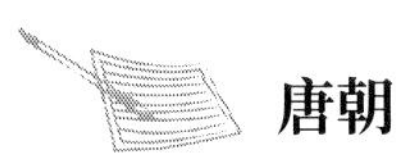

到一個職位——奉禮郎，品級是從九品，低到不能再低。但就連這個位子，也因為身體太差，李賀沒能堅持下去。

再加上，有人向朝廷舉報，稱李賀的爸爸名叫「晉肅」，和「進士」諧音。李賀自己來考進士，就是不孝，是對父親極大的侮辱，即使他父親已經去世。這個罪名看上去無厘頭，但在唐朝是可以成立的。比如李白因為有一個礦場老闆的老爸，就不能參加科舉考試，白居易因為爺爺叫「鍠」，和「宏」字相近，所以他也就不能參加博學宏詞科考試。李賀因為父親叫「李晉肅」，所以也就不能考科舉了。這一次告狀，幾乎將李賀的仕途判了死刑。

但是，李賀並沒有死心。正如當年李白一樣，雖然不能參加考試，李白卻走了特招的道路。而李賀選擇了另外一條道路，二十六歲的他選擇了參軍，希望建功立業走向政壇。

於是，李賀到了潞州參加平叛的軍隊，那裡有一個叫張徹的人，正是韓愈的姪女婿。看在老丈人韓愈的面子上，張徹對青年詩人李賀格外關照，不僅用美酒款待，還讓其幫助自己處理公文，參謀軍事。他們「吟詩一夜東方白」，準備一起平叛，報效國家。然而，終因北方藩鎮跋扈，分裂勢力猖獗，叛亂越平越多，連主戰派的宰相都被人當街暗殺，還破不了案。李賀所在的部隊孤立無援，人員星散。張徹無奈回到長安。李賀無路可走，只得強撐病軀，回到了昌谷故居。

魔幻詩歌放光彩　傳奇一生徒悲嘆

回到昌谷後，李賀一直咳嗽，高燒不退，開始出現幻覺。他自知剩下的日子不多了，便開始整理自己的詩稿，但心中也有所不甘，寫了一首〈苦晝短〉：「光飛光，勸爾一杯酒。吾不識青天高，黃地厚。唯見月寒日暖，來煎人壽。食熊則肥，食蛙則瘦。神君何在？太一安有？天東有若木，下置銜燭龍。吾將斬龍足，嚼龍肉，使之朝不得回，夜不得伏。自然老者不死，少者不哭。何為服黃金、吞白玉？誰似任公子，雲中騎碧驢？劉徹茂陵多滯骨，嬴政梓棺費鮑魚。」

在生命的彌留之際，李賀的詩歌中頻繁出現鬼燈、秋墳、腐草、寒蟾、紙錢……這些，雖然看似淒惻，卻從文學的角度開創了魔幻現實主義詩歌的流派。比如他懷念錢塘名妓的那篇〈蘇小小墓〉：「幽蘭露，如啼眼。無物結同心，煙花不堪剪。草如茵，松如蓋。風為裳，水為佩。油壁車，夕相待。冷翠燭，勞光彩。西陵下，風吹雨。」

這時，李賀的朋友看到他身體撐不住，便開始幫助整理詩歌，並接受託付，印刷出版李賀的詩集。不久，李賀就死了，一位天才詩人僅僅活了二十七歲。筆者想，是不是他寫鬼神太多，得罪了鬼神界的重要人物，被提前索命了呢。當然，這些都是無端的猜測和迷信。李賀的去世，對於文壇來說，的確是一大損失。對於李賀的死，白居易還專門編了一

段故事，稱李賀重病時，忽然有一個穿紅衣服的人，騎著赤龍，手拿著寫滿太古篆文的信來找他，說：「天帝造了一座白玉樓，要你去寫文章點讚。你和我走吧。那裡生活很好，一點也不苦。」李賀想到母親，哭泣不止，但一切已晚。有目擊者看到煙雲升起，還聽見了車輪和音樂的聲音。李賀就此死去。

不過，詩人雖然不長壽，卻用他有限的一生開創了一個獨立的魔幻現實主義詩歌王國，這樣的詩歌比起歐美的魔幻現實主義早了整整一千年。余光中就認為，十一個世紀以前的李賀是一位「生得太早」的現代詩人。如果他活在二十世紀的現代，必然也會寫現代詩，這樣的現代詩叫魔幻現實主義。

劉晏——大唐帝國最厲害的經濟學家

在前面介紹的天才中，大多是詩人、作家、歷史學家，而今天筆者將為你們介紹一位厲害的經濟學家。宋代學者王應麟就在《三字經》裡寫道：「唐劉晏，方七歲，舉神童，作正字，彼雖幼，身已仕。爾幼學，勉而致，有為者，亦若是。」就是這樣一位充滿傳奇色彩的天才人物，銳意改革，開闢大唐的經濟帝國，他也因此成為古今青年學習的榜樣和楷模。

天資聰穎舉「神童」　八歲入仕傲群雄

劉晏這個人，和李賀、王維、駱賓王等天才一樣，都有一個共性，均是神童。李賀七歲寫詩驚動四方，駱賓王七歲寫出〈詠鵝〉名傳千古，而劉晏七歲就被舉為「神童」，並做了負責刊正文字的官。

八歲時，劉晏又做了一件驚天動地的事。他學習司馬相如、杜甫、王勃等大咖寫信給天子。劉晏寫的是〈東封書〉，獻給了當時正在泰山祭拜天地的唐玄宗。玄宗皇帝看了以後，讚不絕口，激動異常。於是，他立即派人召見劉晏，當見到劉晏還是個幾歲的孩子，玄宗對其寫作能力感到懷疑，便命宰相親自考核劉晏以辨真偽。不久，宰相向玄宗回覆：「劉晏是個貨真價實的神童，作文能力的確很高，天才，天才也！」玄宗皇帝便立即下令劉晏擔任正字官，相當於現在的國立編譯館館長。劉晏年僅八歲，就擔任了那麼高的官職，真是自古英雄出少年！

又據《東明縣誌》記載，劉晏十歲那年，「一日玄宗御駕勤政樓，大張鼓樂百妓，羅列教坊，有王大娘者，能戴百尺竿，竿施木山狀，瀛州方丈，令小兒持絳節出入歌舞」。這時劉晏被唐玄宗詔於樓中，「使貴妃施粉黛如巾櫛」，打扮得當，玄宗目視劉晏發問：「正字，正得幾字？」劉晏答道：「天下字皆正，唯有朋字未有正得。」此話一語雙關，不僅說出了「朋」字的字形結構特點，還寓意深刻地指出了朋黨相互勾結的時弊，真不愧是有風趣的字諫。接著我們的大美女貴妃楊玉環也登場了，她讓小才子劉晏針對舞臺上的精湛表演作一首詩助興。接受任務後，劉晏略加思索，就站起身來大聲誦吟：「樓前百戲競爭新，唯有長竿妙入神。誰謂綺羅翻有力，尤自嫌輕更著人。」此詩一出，頓時技驚四座，博得唐玄宗、楊貴妃等人的讚頌。為此，玄宗皇帝還特地賜了劉晏一制象牙笏和一領黃紋袍，神童劉晏的大名頓時傳揚天下。

文士清修吏多貪　任人唯賢獲盛讚

從八歲進入仕途後，劉晏先後任彭原太守，徙隴、華二州刺史、河南尹、京兆尹、戶部侍郎，後又領度支、轉運使，掌管鑄錢、鹽鐵等使用權，開始掌握唐王朝財政大權。七六三年，劉晏被提升為吏部尚書、同中書門下平章事，兼任度支、轉運使等職，成為兼管財政的宰相。身居高位，劉晏不僅「為人勤力，事無閒劇，必一日中決之……成大計者不可惜小費，凡事必為永久之慮」，還兩袖清風，是一個典型的清廉官員。史書說他飲食簡素，室無婢，死時只留下兩車書籍和幾斗米麥。一個理財大臣，如此清正廉潔，這在任何時代都是非常值得稱道的。

《新唐書》記載：「晏常以辦眾務，在於得人，故必擇通敏精悍廉勤之士而用之。」

除了他自己清廉外，劉晏還選擇清廉的職位就職，他認為：「士陷贓賄棄於時，名重於利，故士多清修；吏雖潔廉，終無榮顯，利重於名，故吏多貪污。」所以「他勾檢書出納錢谷，事至細必委之士類，吏惟書符牒，不得輕出一言。其屬官雖居千里外，奉教令如在目前，無敢欺紿者」，他注重士人的培養，選用了幾百名各種專才和實踐家，分布在各部門及各州縣把關，史稱「積數百人，皆新進銳敏，盡當時之選，趣督倚辦，故能成功」。由於劉晏培養選拔了一大批理財專家和士人，所以他指揮的龐大理財系統，如臂使指，運動自如，為國家和人民帶來了福利。

勵精圖治盡忠心　改革造福為黎民

在劉晏一生的官場生涯中，最重要的還是他的經濟改革。由於安史之亂的緣故，人民妻離子散，貧困艱辛，國家百廢待興，急需要一名優秀的經濟學家提出完整的設計和規劃。時勢造英雄，劉晏就在這樣的背景下湧現了出來。

首先，劉晏改革幣制，穩定物價。七六〇年，由於貨幣超發和三種貨幣的比值混亂，導致物價上漲，人民怨聲載道，生活艱辛異常。劉晏擔任財政大臣後，立刻調整貨幣之間的比值關係，使之按照實際價值流通，逐漸把高物價降了下來，穩定了社會秩序，緩和了社會矛盾。

其次，建立中央直屬的經濟統計機構，以保證統計數字的真實。同時，還在地方建立巡院，並選擇通過正規科舉出身、資質較高的官員做巡院官，負責各地的統計工作。統計範圍包括莊稼收成、雨雪水旱、物價高低等狀況，並及時把這些真實的資訊上報給中央，以便國家高層及時掌握各地的經濟動態，以利於大唐中央的最終決策，從而有利於國家的治理。

再次，推行常平法，調節物價，保障供給。常平法是一種調節米價的方法，就是國家築倉儲穀，穀賤時增價而糴，穀貴時減價而糶，防止市場大起大落，以保障民生。劉晏在各道（省）設立巡院官，在豐收地區及時高價收購糧食，防止穀賤傷農，又把在豐地收購的糧食運往災區低價出售。這樣既沒有增加國家財政開支，也達到了救災目的，還使災區人民得到了實惠。他認為：「王者愛人，不在賜與，當使之耕耘紡織，常歲平斂之，荒年蠲救之。」

另外，改革食鹽專賣制度，增加政府收入。平定安史之亂，國家耗費了大量財力，政府出現了財政危機。為解決財政問題，劉晏改革了食鹽專賣制度。之前，食鹽官營，有龐大的鹽務機構，造成貪污腐敗、開支巨大、食鹽價格居高不下等弊端。劉晏掌握鹽政後，首先廢除了絕對的國家食鹽專賣制度，推行一種官商混合制度。他規定生產環節由鹽戶自

己負責，收購和批發環節由國家掌控，國家把收購上來的食鹽加稅後批發給商人，再出商人運輸、分銷到各地。國家又在各地設鹽倉，防止鹽商哄抬鹽價。這樣，鹽務機構被撤，大量鹽務人員離職，節省了大量人力、物力，食鹽價格也隨之下降，人民也因此得到了實惠。更為重要的是，此舉不僅精簡了機構，減少了人員，改革也使鹽稅的收入增加了十多倍，從而解決了國家的財政困難。

最後，疏浚大運河，改革漕運制度，保障南糧北運。劉晏接管漕運後，憑藉食鹽改革的財政盈餘，立即著手疏浚河道，大造漕船，雇募船工，分程運輸，軍隊押糧，減少損耗。透過改革，江南糧食源源不斷地運到北方，解決了長期困擾北方的糧食問題。這有點類似於南水北調工程，將豐盛的南方水調往缺水的北方，有利於整個國家水資源的平衡。

透過劉晏的銳意改革，經歷安史之亂後大唐帝國經濟殘破的局面得到改變，經濟也得到了恢復和發展，人民再一次安居樂業，休養生息。改革之前，大唐全國人口僅兩百萬戶，國家財政收入僅四百萬緡。到了七七九年，僅十餘年時間，戶口就增加到三百萬戶，財政收入達一千三百萬緡，人口增加百分之五十，經濟增加四倍。儘管國家自此富裕，但人民的稅收卻一點也沒有增加，真正做到了「斂不及民而用度足，理財又以養民為先」。因此，不少學者也將劉晏與管仲、蕭何相提並論，稱他們是難得一見的天才經濟學家。

奸臣楊炎進讒言　一代宰相命歸天

在封建社會的束縛下，功高犯忌，廉潔遭妒，正直的人常常蒙冤屈而死，劉晏也沒有逃脫這一封建癰疽造成的災難，實在令人可惜，徒添悲傷。

《舊唐書》記載：「楊炎為吏部侍郎，晏為尚書，各恃權使氣，兩不相得。炎坐元載貶，晏快之，昌言於朝。及炎入相，追怒前事，且以晏與元載隙憾，時人言載之得罪，晏有力焉。炎將為載復仇，又時人風言代宗寵獨孤妃而又愛其子韓王迥，晏密啟請立獨孤為皇后。炎因對易又流涕奏言：『賴祖宗福祐，先皇與陛下不為賊臣所間。不然，劉晏、黎干之輩，搖動社稷，凶謀果矣。今乾以伏罪，晏猶領權，臣為宰相，不能正持此事，罪當萬死。』崔祐甫奏言：『此事曖昧，陛下以廓然大赦，不當究尋虛語。』朱泚、崔寧又從傍與祐甫救解之，寧言頗切，炎大怒，故斥寧令出鎮鄜坊以摧挫之。遂罷晏轉運等使，尋貶為忠州刺史。炎欲誣構其罪，知庾準與晏素有隙，舉為荊南節度，以伺晏動靜。准乃奏晏與朱泚書祈救解，言多怨望，炎又證成其事，上以為然。是月庚午，晏已受誅，使回奏報，誣晏以忠州謀叛，下詔暴言其罪，時年六十六，天下冤之。家屬徙嶺表，連累者數十人。貞元五年，上悟，方錄晏子執經，授太常博士；少子宗經，祕書郎。執經上請削官贈父，特追贈鄭州刺史。」

大概的意思就是唐代宗死後，德宗即位。德宗是一位性情急躁、猜忌無情、輕舉妄動、剛愎自用的人物。最開始，楊炎為吏部侍郎，劉晏為尚書，兩人都看不慣對方。後來奸相元載被貶，繼而又被唐代宗所殺。當時，劉晏是處理此案的負責人之一，並參與了密議。而楊炎是元載的餘黨，亦受牽連。三十年河東，三十年河西。後來，楊炎得勢，重新被起用，升為宰相。七八〇年，楊炎為元載報仇，便進讒言，極盡挑撥之能事將劉晏貶出京師，出任轉運使，後又貶為忠州刺史。這仍然不解恨，楊炎又聯合荊南節度庾準，擅造劉晏造反，使昏庸的唐德宗完全聽信了楊炎等人的讒言，於七八〇年七月下詔賜劉晏自盡，其下屬幾十人受累流放江南。

劉晏無罪被殺，大家都為他喊冤。貞元五年（七八九年），唐德宗醒悟，便殺死了奸臣楊炎，提拔劉晏的大兒子執經為太常博士，小兒子宗經為祕書郎。執經上請削官贈父，特追贈其為鄭州刺史，劉晏自此得到了歷史的公斷，人民刻石以傳。這位偉大的經濟學家，對大唐所做的貢獻已經光照千秋，其光彩的一生也被後人永遠銘記。

宋朝

司馬光——砸缸少年，一代名相

在歷史上，天才的命運均不一樣。有那麼一些人，天賜其英才，卻沒有給其好的命運，比如王勃，二十多歲寫就〈滕王閣序〉名噪天下，卻不幸落水而死。比如賈誼，二十二歲當太中大夫，沒過幾年寫下〈弔屈原賦〉、〈過秦論〉、〈治安策〉等天下雄文，卻在三十三歲憂鬱而死。再比如項槖，七歲「三難孔子」，並受了孔子拜師之禮，卻在十多歲就被暗殺。像這樣命運不佳的天才例子還有許多，但如司馬光這樣年少成名，並高居宰相，還編撰出《資治通鑑》等史學巨著的人物，卻是鳳毛麟角，天下罕見。命運有時就是如此，渺小的人類怎能改變？唯有淡然處之，任憑花開花落，雲卷雲舒。

砸缸小孩名噪一時

宋真宗天禧三年（一〇一九年）十月，天才司馬光的父親司馬池正在光山縣當縣令。這個司馬池也不簡單，是進士，還在四川郫縣當過縣尉。當時郫縣社會上造謠說守邊部隊叛亂，富人攜家人、金銀出走，嚇得縣令閻丘夢松推說有事便逃到了府衙，而主簿也稱病不辦公。司馬池臨危受命代管全縣政務，一邊做好防範工作，一邊安定民心，後來司馬池得到上級表揚，天禧三年（一〇一九年）三月調到鄭州任防禦判官。此時光山知縣缺位，改任光山縣令。也就是這一年他的夫人生下了第三子，由於出生在光山，便取名司馬光。

司馬光從小就很聰明，六歲時，司馬池就教他讀書識字，七歲時，司馬光不僅能背誦《左氏春秋》，還能講明白書中的要意。這已經是一件很了不得的事了。關羽常常自誇熟讀《春秋》，而司馬光七歲就能背誦，可見其天資聰慧非關羽可比。

能背誦《春秋》還不算什麼，司馬光在七歲這年還做了一件名噪天下的事，就是「砸缸救友」。「砸缸救友」這故事的出處是《宋史》（元末阿魯圖所寫）：「群兒戲於庭，一兒登甕，足跌沒水中，眾皆棄去，光持石擊甕破之，水迸，兒得活。」

有了「砸缸救友」的事後，司馬光可是出了名，不僅在光山縣家喻戶曉，甚至在全國也有了相當大的名聲，時人都將其看作神童天才。

沒過幾年，司馬光又做了一件令人驚奇的事。宋仁宗天聖九年（一〇三一年），司馬光隨父親司馬池到利州去，在棧道上突然遇到一條巨蟒，當時僕人們都很害怕，而年僅十二歲的司馬光卻顯得很冷靜，只見他沉著地手持利劍，猛地走上前去，狠狠扎在巨蟒的尾巴上，使巨蟒疼痛得一震，滾落到深不可測的棧道下面。

司馬光的舉動讓司馬池更為驚訝，他認為兒子除了具備文采，在膽量、勇氣方面也是高出常人，這使他倍感驕傲，之後便刻意培養起這個兒子。每逢出遊或和同僚密友交談，

司馬池都要將司馬光帶在身邊，讓他耳濡目染。「凜然如成人」就是當時別人對司馬光的評價。許多大臣、名士都很賞識司馬光，對這個天才神童喜愛有加。擔任過副宰相的龐籍還將司馬光當成自己的兒子一樣培養、教育。

金榜題名樂娶嬌妻

由於天資聰慧，又加上從小受到父親司馬池的精心培養，司馬光才華精進，二十歲便去參加進士考試。司馬光考試能力的確比杜甫、蒲松齡、柳永等更強，杜甫一生中考了四五次科舉，也未能高中，蒲松齡甚至考了一輩子，熬到頭髮花白，依舊未能金榜題名。司馬光第一次會試，就一舉高中進士甲科，從此步入官場。他的這種才華和應考能力，怎不令蒲松齡羨慕呢。考上進士這一年是仁宗寶元元年（一〇三八年），這時的司馬光剛剛二十歲。

高中進士後，司馬光很快被授予了官職，任華州（今陝西省華縣）判官。比起韓愈，司馬池又要幸運很多。當年，韓愈考中進士後，等了幾年也沒有安排他任職，不得已韓愈還寫了三封自薦信給宰相，催促他讓自己當官。

年少有才，名滿天下，前途又一片光明，自然會有許多年輕女子喜歡。當時，前來向司馬光提親的人不計其數，司馬光應該是看花了眼。這些競爭者中，有一個人的來頭很大，她就是龍圖閣直學士張存的女兒。張存是司馬池的好朋友，經常到司馬光家裡做客，對司馬光很了解。他這個龍圖閣直學士是從三品。張氏這一年才十六歲，和司馬光見面後，司馬光就喜歡上了她。同年，兩人就拜堂結了婚，從此過上了甜蜜的生活。

服喪三年讀書作文

正當司馬光懷著遠大的抱負，準備在仕途上好好奮鬥一番時，他的母親卻病逝了，這一年是仁宗寶元二年（一〇三九年）。按照封建禮教，他必須辭官回家服喪三年。在此期間，司馬光幫助父親草擬了〈論兩浙不宜添置弓手狀〉奏疏，希望朝廷能從各方面闡述不宜添置弓手、增設武官。

母親去世本已夠悲傷，沒想到仁宗慶曆元年（一〇四一年）十二月，司馬光的父親司馬池又意外病死在晉州（今河北省石家莊市），司馬光和哥哥司馬旦將父親的靈柩帶回了故鄉夏縣（山西境內）。雙親的相繼去世，使司馬光悲痛萬分，他嘆息「平生念此心先亂」。

在家居喪的日子，司馬光將悲痛化為力量，閱讀了大量的書籍，也創作了許多有價值的文章，如〈十哲論〉、〈四豪論〉、〈賈生論〉等，對一些古人古事，他根據自己的感受，提出了獨到的見解。

千里駿馬喜逢伯樂

宋仁宗慶曆四年（一〇四四年），二十六歲的司馬光服喪結束，簽書武成軍判官，不久又改宣德郎、將作監主簿，權知豐城縣事。在短短的時間裡，他就取得「政聲赫然，民稱之」的政績。仁宗慶曆六年（一〇四六年），二十八歲的司馬光接到詔旨，調他擔任大理評事國子直講。赴京之日，同事們置酒為他餞行。司馬光即席賦詩：「不辭爛醉樽前倒，明日此歡重得無？追隨不忍輕言別，回首城樓沒晚煙！」這時司馬光意氣風發，懷著激動的心情到了京都開封。

仁宗皇祐元年（一〇四九年），司馬光父親的好友龐籍升任樞密使，舉薦三十一歲的司馬光擔任館閣校勘，但沒有得到皇帝的許可。仁宗皇祐三年（一〇五一年），司馬光三十三歲，由宰相龐籍推薦任館閣校勘，同知太常禮院，這一次仁宗同意了。司馬光在任職期間對《古文孝經》進行了研究，並撰寫了〈古文孝經指解〉一文。仁宗皇祐五年（一〇五三年），司馬光又擔任殿中丞，除史館檢討，修日曆，改集賢校理，專任史官。從此，司馬光開始了對歷史的研究。

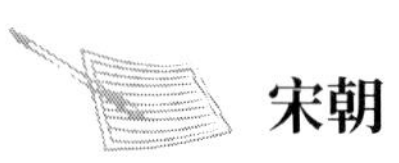

諫官工作兢兢業業

司馬光自從被罷籍推薦後，在地方及中央都擔任過多個職務，例如他擔任過鄆州通判，負責考察全州官吏，又在並州為通判，兼為河東路經略安撫使等職。之後，司馬光回到了中央，擔任過開封府推官、起居舍人，同知諫院等職務，而做得最久的工作卻是諫官。

仁宗嘉祐八年（一〇六三年）三月二十九日，仁宗病故，四月趙曙即位，即英宗。司馬光寫了〈上皇太后疏〉，希望緩和兩宮矛盾。四月二十七日又進〈上皇帝疏〉，力陳國家當務之急應君民同心、內外協力。六月二十二日，他又上〈兩宮疏〉，指出：「金堤千里，潰於蟻穴；白璧之瑕，易離難合。」皇帝沒有太后支持「無以君天下」，太后離開皇帝「無以安天下」。十一月二十六日，又寫了兩封章奏，一封給皇太后，一封給皇帝。在奏章中，他講歷史，擺利害，曉明大義，從全域出發，苦苦相勸，終於得到效驗。加之英宗的病情也有所好轉，太后和英宗的矛盾趨於緩和。從仁宗嘉祐八年（一〇六三年）三月仁宗病死，到英宗治平元年（一〇六四年）七月，為消除太后和英宗之間的矛盾，司馬光前後共上奏章十七封。

在五年的諫官生涯中，除了幫助朝廷解決好皇位繼承和皇帝的修身要領、治國政綱等

關係國家命運的上層大事外，同時他也把注意力放到下層人民身上。在〈論財利疏〉中，他指出：「農民苦身勞力，粗衣粗食，還要向政府交納各種賦稅，負擔各種勞役。收成好的年代，賣掉糧食以供官家盤剝，遇到凶年則流離失所，甚至凍餓而死。」他建議切實採取一些利民措施。

司馬光還反對宮中宴飲和賞賜之風，仁宗嘉祐六年（一〇六一年），他上書〈論宴飲狀〉，懇請皇帝為民著想，悉罷飲宴。他上〈言遺賜劄子〉，反對朝廷不顧國家實際，厚賞群臣。

看到這些，筆者不得不感嘆，過去的諫官真的是「在其位，謀其職」，杜甫、白居易如此，賈誼、司馬光等亦如此。他們在擔任諫官期間，真的是兢兢業業，良好的諫言從不間斷，比起民國期間的議員們，真的是一個在天上，一個在地下。

政見不和針鋒相對

英宗治平四年（一〇六七年），英宗病死，神宗趙頊即位。參知政事歐陽脩極力向神宗推薦，說司馬光「德性淳正，學術通明」，神宗任司馬光為翰林學士，不久，又任司馬光為御史中丞。

宋神宗趙頊即位以後，對王安石提出的一整套激進、大膽的變革方案很認可，便在熙

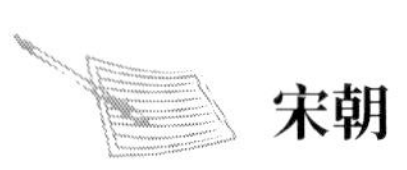

寧二年（一〇六九年），啟用王安石為參知政事，主持變法。

在思想上王安石主張開源，司馬光主張節流。司馬光和王安石因政見不同，在一些問題上進行激烈的爭辯，有時在皇帝主持的議政會議上也毫不相讓。在王安石頒發「青苗法」後，司馬光認為縣官靠權柄放錢收息，要比平民放貸收息危害更大，因此表達強烈不滿。

本來，宋神宗希望司馬光能很好地發揮作用，提拔他為樞密副使，輔佐自己早日挽救危機，實現國家的振興。但司馬光對改革不太支持，便以「不通財務」、「不習軍旅」為由，堅決推辭，連上五封劄子自請離京。

史學巨著功蓋千秋

神宗熙寧四年（一〇七一年）四月九日，看到好友范鎮因直言王安石「進拒諫之計」、「用殘民之術」而被罷官。司馬光憤然上疏為范鎮鳴不平，並請求任職西京留司御史臺，自己退居洛陽，從此遠離了京都官場，過上了隱居生活。在這期間，司馬光絕口不論政事，以書局自隨，繼續編撰《資治通鑑》一書，時間長達十五年。

神宗元豐七年（一〇八四年），司馬光已六十六歲，《資治通鑑》全部修完，他將全書呈給神宗皇帝。神宗十分重視，將書的每編首尾都蓋上了皇帝的睿思殿圖章，以其書「有鑒於往事，以資於治道」，賜書名《資治通鑑》，並親為寫序。

是年十二月初三，神宗降詔獎諭司馬光，說他「博學多聞，貫穿今古，上自晚周，下迄五代，成一家之書，褒貶去取，有所據依」。並賞予銀、絹、衣和馬，擢升司馬光資政殿學士，遷范祖禹為祕書省正字。

《資治通鑑》是中國第一部編年體通史，在中國官修史書中占有極重要的地位，共兩百九十四卷，主要以時間為綱，事件為目，從周威烈王二十三年（西元前四〇三年）寫起，到五代後周世宗顯德六年（西元九五九年）征淮南停筆，涵蓋十六朝一千三百六十二年的歷史。《資治通鑑》自成書以來，歷代帝王將相、文人騷客、各界要人爭相誦讀。點評批注《資治通鑑》的帝王、賢臣、鴻儒及現代的政治家、思想家、學者不勝枚舉，數不勝數。作為歷代君王的教科書，除《史記》外，幾乎都不可以和《資治通鑑》媲美。

南宋史學家王應麟評價說：「自有書契以來，未有如《資治通鑑》者。」宋末元初胡三省也盛讚此書：「為人君而不知《資治通鑑》，則欲治而不知自治之源，惡亂而不知防亂之術；為人臣而不知《資治通鑑》，則上無以事君，下無以治民；為人子而不知《資治通鑑》，則謀身必至於辱先，做事不足以垂後。」

高居宰相廢除新法

編完《資治通鑑》沒多久，皇太后下詔起用司馬光，授其門下侍郎（即副宰相）。

但司馬光上疏辭謝，稱「齡發愈衰，精力愈耗」。之後，在親友的勸說下，他還是到任就職。

就職之後，副宰相司馬光向皇太后進言，把因反對新法而被貶的劉摯、范純仁、李常、蘇軾、蘇轍等人召回朝中任職，呂公著、文彥博等老臣也被召回朝廷。

為廢除新法，司馬光上〈請更新新法劄子〉，將新法比之為「毒藥」，請求立即採取措施，全部「更新」。接著，朝廷開始實施廢除保甲法、方田均稅法、市易法、保馬法等。在實施過程中，司馬光無限感傷地說：「新法不廢除，吾死不瞑目矣！」他還向呂公著說：「光自病以來，悉以身付醫，家事付康（司馬康），國事未有所付。」切望呂公著能夠完成他的夙願。同時，他上表請求辭位。但皇太后對他很倚重，不但不准辭位，反下詔除授尚書左僕射兼門下侍郎，正式拜為宰相。接著朝廷很快就廢除了免役法、青苗法。司馬光終於完成了自己廢除免役法的夙願，實現了自己的政治主張。

元祐元年（一〇八六年），司馬光因病逝世，享年六十八歲，獲贈太師、溫國公，諡號文正，宋哲宗賜碑名為「忠清粹德」。死後，哲宗將他葬於高陵。司馬光的遺著有《司馬文正公集》、《稽古錄》等，還有諸多名著被眾人傳誦。

人生光彩奪目，可惜沒有後人

司馬光榮耀地走完了他炫麗的一生，不僅文能光照千秋，功也能名垂後世，但令人遺憾的是，司馬光一生中卻沒有留下自己的火種，這或許是他難以啟齒的悲痛。

之所以沒有後人，這和司馬光自己有很大的關係，由於和張存的女兒張氏結婚後，兩人恩愛甜蜜，感情十分融洽，生活無比幸福美滿。儘管如此，但到了三十多歲司馬光也沒能有個一男半女。這時，張氏比司馬光還急，便張羅著幫司馬光納妾。果然，有一天張氏托人買來了一個絕色女子，眉目如畫，秀髮如雲，嫵媚嬌豔，濃香撲鼻。然後，她將美女悄悄安置在臥室，而自己則藉故外出了。司馬光回到書房，美女故意搔首弄姿，賣弄風情，還露出一點雪肌酥胸，嬌滴滴地問：「請問先生，我美嗎？」司馬光趕緊離她一丈，板起面孔，顯得十分生硬冷淡。美女誘惑許久也不成功，終於感到十分無趣，只好大失所望地離開了。

還有一次，司馬光到岳父家去賞花。張氏和母親合計，又偷偷地安排了一個秀麗、溫柔的丫鬟前來服侍。這次司馬光更加不客氣，竟生氣地對朝丫鬟訓斥道：「走開！大人不在，妳來見我做什麼！」

這兩件事之後，張氏也打消了對丈夫司馬光納妾的打算，兩人更加恩愛甜蜜，他們也

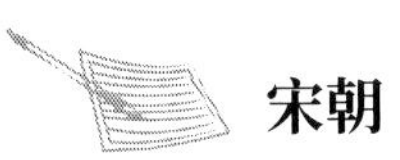

被時人贊為司馬相如和卓文君白頭偕老的翻版。但唯一遺憾的是，兩人白頭一生，卻沒能留下一男半女，或許這就是上天對天才的一點不公吧。

柳永——花柳叢中自有白衣卿相

每當欣賞到動聽悅耳的音樂時，每當看到婀娜多姿的舞蹈時，每當見到傾國傾城的明星時，總會不由自主地想到大宋的詞曲家柳永，這位大師就類似於當今娛樂圈鼎鼎有名的音樂大咖一樣，既有地位和水準，也有深度。那麼，這樣一位藝術圈的大咖，其人生到底是什麼樣子呢？為什麼提到「白衣卿相」就會想到他呢？

官宦世家才華優　少年作詩傳九州

提到這個柳永，大家對他在煙花處尋風流印象最為深刻。那麼，柳永到底出生在什麼樣的家庭，為什麼會和煙花柳絮結緣？其實，柳永出生在一個正統的官宦世家，他的祖父柳崇，世居山西，曾為沙縣縣丞，在州郡頗有威信。父親柳宜，出仕南唐，為監察御史。南唐滅亡後，柳宜供職北宋，任雷澤縣令，不久，改為費縣縣令、濮州任城令。約九八四年，柳永出生。爺爺是副縣長，父親是縣長，柳永的家庭條件並不差，從小所受的教育就

和家境相似的杜甫一樣，都是飽讀詩書，少有才華不自誇。

在柳永十歲那年，父親柳宜以贊善大夫調往揚州，柳永一起跟隨，並在當年寫了處女作〈勸學文〉。全文如下：「父母養其子而不教，是不愛其子也。雖教而不嚴，是亦不愛其子也。父母教而不學，是子不愛其身也。雖學而不勤，是亦不愛其身也。是故養子必教，教則必嚴；嚴則必勤，勤則必成。學，則庶人之子為公卿；不學，則公卿之子為庶人。」十歲的柳永能寫出〈勸學文〉，真是又一個少年天才，一點不亞於駱賓王、王維、李白、李賀等文壇名流。咸平元年（九九八年），十四歲的柳永在家鄉遊覽名勝中峰寺時，又寫了一首〈題中峰寺〉：「攀蘿躡石落崔嵬，千萬峰中梵室開。僧向半空為世界，眼看平地起風雷。猿偷曉果升松去，竹逗清流入檻來。旬月經遊殊不厭，欲歸回首更遲回。」作者柳永採用鋪敘手法，敘述了經遊中峰寺的過程。一個風度翩翩的青年才子沿著陡峭崎嶇的石徑，攀蘿附葛爬過高崗，又涉水過溪穿過林莽，來到群山擁抱的古剎，瞻望伏虎壇勝跡，其腦海裡便浮現出禪師叱吒風雷、降伏猛虎的英姿，遂感慨萬端，吟誦出此詩，有「飄飄淩雲之意」。

青春韶華享盛名　唯恨科考不遂心

咸平五年（一〇〇二年），柳永由錢塘入杭州，因迷戀湖山美好、都市繁華，遂滯留

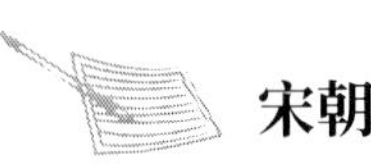

杭州，沉醉於聽歌買笑的浪漫生活之中，這期間柳永留下了許多情。一路遊玩，滿心歡喜，柳永於一〇〇三年到了京城，準備參加禮部考試。在人生的開始階段，柳永和李白、杜甫、王維、白居易、李賀等一樣，都會拿著自己的代表作前去拜望當時的社會名流，以此提高自己的身價，希望得到推薦的機會。

在進京之前，眾人均知杭州知府孫何很有名氣，但門禁甚嚴，很少有人能得到他的接見。但柳永意氣風發，除了留戀杭州風月，更是信心勃勃一揮而就寫了一首詞〈望海潮．東南形勝〉，詞曰：「東南形勝，三吳都會，錢塘自古繁華，煙柳畫橋，風簾翠幕，參差十萬人家。雲樹繞堤沙，怒濤卷霜雪，天塹無涯。市列珠璣，戶盈羅綺，競豪奢。重湖疊巘清嘉。有三秋桂子，十里荷花。羌管弄晴，菱歌泛夜，嬉嬉釣叟蓮娃。千騎擁高牙。乘醉聽簫鼓，吟賞煙霞。異日圖將好景，歸去鳳池誇。」

懷揣著這首好詞，柳永順利見到了大名鼎鼎的孫何。兩人一見如故，互相欣賞，孫何更是對柳永佩服得五體投地。而「此詞一出，即廣為傳誦，柳永亦因此名噪一時」，在宣揚柳永的名聲方面，孫何可謂出了大力。自此，柳永名氣大振，信心爆棚，他又一鼓作氣寫了不少好詞，比如〈鶴沖天〉等。但是，他的詞也傳得太厲害了，在文壇圈傳傳，吸引一大批粉絲也就可以了，但沒想到他的詞竟然還傳到了皇宮大院，被當時的皇帝仁宗看到

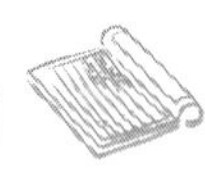

了。仁宗皇帝本來就洞曉音律，亦頗好作詞，但留意儒雅。而柳永又特別擅長作豔詞，當仁宗讀到他的詞，心裡就不太喜歡，頗為不滿。也正是因為仁宗對詞的個人喜好，導致了柳永後來仕途的不順。

進京後，意氣風發的柳永參加考取進士，但當放榜時，仁宗皇帝就引用柳永詞「忍把浮名，換了淺斟低唱」（〈鶴沖天．黃金榜上〉）說：「既然想要『淺斟低唱』，何必在意虛名。」遂刻意劃去了柳永之名。宋人嚴有翼亦載有此事，說有人向仁宗推薦柳永，仁宗回覆「且去填詞」，自此後柳永遂不得志，「出入娼館酒樓」，自號「奉旨填詞柳三變」。

無奈，科考失利的柳永只得離開杭州，沿汴河到蘇州，作了〈雙聲子．晚天蕭索〉。不久，他又入揚州，作〈臨江仙．鳴珂碎撼都門曉〉，追憶當年與知府孫何的友誼，度過了青年時期的一段放浪生活。這段時間，柳永在風花雪月處，嘗盡溫柔如水，經歷世事繁華，一生柔情獻給了柳絮煙花，一腔熱血也用在了青樓人家。

雖然仕途遭遇挫折，柳永沉醉於風月場所，但他依舊沒有放棄過科舉考試。據史料記載，之後柳永多次參加科舉，但終未高中。特別是天聖二年（一〇二四年），四十歲的柳永已是第四次落第，這時他憤而離開京師，與煙花柳巷處一位名叫蟲娘的情人告別，填寫了著名的〈雨霖鈴．寒蟬淒切〉：「寒蟬淒切，對長亭晚，驟雨初歇。都門帳飲無緒，

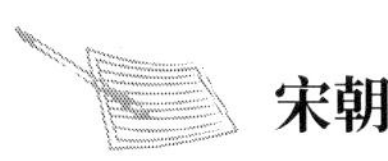

留戀處，蘭舟催發。執手相看淚眼，竟無語凝噎。念去去，千里煙波，暮靄沉沉楚天闊。多情自古傷離別，更那堪冷落清秋節！今宵酒醒何處？楊柳岸，曉風殘月。此去經年，應是良辰好景虛設。便縱有千種風情，更與何人說？」這個歌妓也太會取名字，蟲娘，真是和她的身分吻合得天衣無縫呢。不過，多情的柳永將他離開汴京與情人蟲娘惜別時的真情實感表達得纏綿悱惻，淒婉動人。全詞起伏跌宕，聲情雙繪，確為宋元時期流行的「宋金十大曲」之一，而柳永也不愧為「詞中卿相」。

隨後，他由水路南下，在各處煙花酒樓為歌妓填詞為生，在娛樂圈的名聲越來越大。煙花雖好，風月如歌，但柳永內心深處有著說不盡的離愁，道不盡的苦悶，他漂泊日久，身心疲憊，常常感嘆芳年壯歲，離多歡少，半生悲傷。

明道年間（一〇三二年——一〇三三年），柳永漫遊渭南，作〈八聲甘州·對瀟瀟暮雨灑江天〉。不久，他到了成都，時田況知益州，錦里風流、蠶市繁華，柳永作詞以贈。田況熱情地招待了柳永，估計也是舉杯邀明月，同填妙詩詞。出成都後，柳永又沿長江向東，過湖南、抵鄂州。

人生大半已虛過　暮年為官唱離歌

景祐元年（一〇三四年），仁宗親政，特開恩科，放寬歷屆科場沉淪之士的錄取，柳

永聽到這消息後，十分興奮，便和自己的哥哥柳三接一起趕赴京師。是年春闈，兩人同登進士榜。柳永授睦州團練推官，整整五十歲才考上「公務員」，柳永此時的喜悅怕只有范進之流能夠深切明白。

當年二月，柳永由汴京至睦州，途經蘇州，時范仲淹知蘇州，柳永遂前往拜謁，並作詞進獻。九月，睦州知州呂蔚愛慕柳永才華，向朝廷舉薦，因「未有善狀」受阻。

景祐元年（一〇三七年），柳永調任餘杭縣令，撫民清淨，深得百姓愛戴。寶元二年（一〇三九年），柳永任浙江定海曉峰鹽監，作〈煮海歌〉，對鹽工的艱苦勞作予以深刻描述。柳永為政有聲，被稱為「名宦」。

慶曆三年（一〇四三年），柳永調任泗州判官。時柳永已為地方官三任九年，且皆有政績，按宋制理應磨勘改官，竟未成行，柳永「久困選調」，遂有「游宦成羈旅」之嘆。秋，柳永進獻新詞〈醉蓬萊．漸亭皋葉下〉，因有「太掖波翻」等語，不合聖意，改官投訴無果而終。八月，范仲淹拜參知政事，頒行慶曆新政，重訂官員磨勘之法。柳永申雪投訴，改為著作佐郎，授西京靈臺山令。

慶曆六年（一〇四六年），轉官著作郎。次年，柳永再度遊蘇州，作詞贈蘇州知州滕宗諒。皇祐元年（一〇四九年），轉官太常博士。次年，改任屯田員外郎，遂以此致仕，

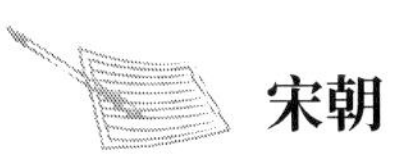

定居潤州。皇祐五年（一〇五三年），七十歲的柳永與世長辭。

據傳，柳永晚年窮愁潦倒，死時一貧如洗，無親人祭奠。歌伎念他的才學和癡情，湊錢替其安葬。每年清明節，又相約赴其墳地祭掃，並相沿成習，稱之「弔柳七」或「弔柳會」，這種風俗一直持續到宋室南渡。不過，筆者認為此處所謂的貧窮應該是相對的，柳永從五十歲考上進士做睦州團練，之後做縣令、著作郎、太常博士，直到去世之前還在做屯田員外郎（六品）。因此，從五十歲到七十歲這段時期，柳永一直在做官，如稱他貧困潦倒，的確說不過去。另外，從他的家庭情況來看，也不見得稱得上貧困潦倒。比如，他的祖父柳崇，曾為沙縣縣丞，有威信。父親柳宜，曾仕南唐，為監察御史，入宋後任雷澤縣令，官至工部侍郎。叔父柳宣、柳宏等五人，也皆有科第功名。長兄柳三復，天禧二年（一〇一八年）王整榜進士（柳永兄弟三人均擅長詩文，號稱「柳氏三絕」）。仲兄柳三接，與柳永同榜登第，官至都官員外郎。兒子柳涚，慶曆六年（一〇四六年）賈黯榜進士，官至大理寺丞。那麼，史料傳言他死時一貧如洗，只有兩種可能，一是柳永不善理財，將收入都用在了風月場所。二是貧困是相對的，相較於王安石、范仲淹、蘇東坡、晏殊這樣職位的大文人，柳永的薪資的確顯得寒酸了些。

仕途一生不得志　詞中婉約為卿相

不過，柳永雖然離我們遠去，但他的作品一直流傳到現代，閃耀在浩瀚的文壇。在眾多學者的眼中，柳永是第一位對宋詞進行全面革新的大詞人，他大力創作慢詞，將敷陳其事的賦法移植於詞，同時充分運用俚詞俗語，以適俗的意象、淋漓盡致的鋪敘、平淡無華的白描等獨特的藝術個性，對宋詞的發展產生了深遠影響。

柳永對後來詞人影響甚大。南、北宋之交的王灼就稱讚道「今少年，十有八九不學柳耆卿，則學曹元寵」；又說沈唐、李甲、孔夷、孔榘、晁端禮、萬俟詠等六人「皆在佳句」，「源流從柳氏來」。即使是蘇軾、黃庭堅、秦觀、周邦彥等著名詞人，也無不受惠於柳永，對柳永推崇有加。

另外，柳詞在詞調的創用、章法的鋪敘、景物的描寫、意象的組合和題材的開拓上都讓蘇軾有了啟發，故蘇軾作詞，一方面力求在「柳七郎風味」之外自成一家；另一方面，又充分吸取了柳詞的表現方法和革新精神，從而開創出詞的一代新風。黃庭堅和秦觀的俗詞與柳詞更是一脈相承，秦觀的雅詞長調，其鋪敘點染之法，也是從柳詞變化而出；周邦彥慢詞的章法結構，同樣是從柳詞脫胎。

學者黃裳對柳永更是讚賞有加，他說：「予觀柳氏文章，喜其能道嘉祐中太平氣象，

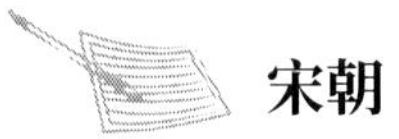

如觀杜甫詩，典雅文華，無所不有。是時予方為兒，猶想見其俗，歡聲和氣，洋溢道路之間，動植咸若。令人歌柳詞，聞其聲，聽其詞，如丁斯時，使人慨然有感。嗚呼，太平氣象，柳能一寫於樂章，所謂詞人盛事之黼藻，其可廢耶？」另一位學者劉永濟則認為：「柳永通俗之作，本代歌妓抒情，自必為此輩所喜聞樂道者，故其所作，傳布極為廣泛。」故有「凡井水處必詠柳詞」一說。

明朝

唐伯虎——倜儻才子，注定風流

提到風流才子，首先會想到元稹、柳永、唐伯虎，而最負盛名的當然是唐伯虎。喜劇大師周星馳演過一部電影《唐伯虎點秋香》，更是將唐伯虎的名聲提升到一個新的高度。那麼，歷史上真實的唐伯虎到底是什麼樣子呢？到底有沒有秋香這個人呢？下面，就隨筆者一一去探個究竟吧。

蘇州少年「高富帥」

提到唐伯虎的家庭背景，似乎又進入到一個定律。自古大才子，家庭大都不窮。唐伯虎也一樣，他家在古代雖算不上最好，但也是富裕之家。這有點類似於唐朝的李白，他們的父親都是有錢的大老闆。李白的父親是開礦的，唐伯虎的父親是開酒店的。據大明才子祝允明的〈唐子畏墓誌銘〉解說，唐伯虎的父親名叫唐廣德，是做餐飲生意的。在當地，唐廣德生意不錯，累積了很多財產。唐伯虎的母親姓丘，家裡也是殷實人家。自古都講究門當戶對，做生意和做生意的結為親家，一點不稀奇，這叫錢人聯姻，強強聯合，當然也就變得更富裕了。從小生活在這樣的殷實家庭，唐伯虎自然獲得了最好的家庭教育。再加上，唐伯虎天資聰穎，記憶力超群，過目成誦，「每夜盡一卷」，很小就能作詩，才華早

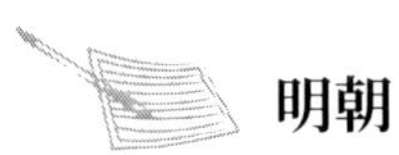

顯，遠近知名。

似乎，天才都有一個相似的童年，要麼像駱賓王那樣七歲就寫出〈詠鵝〉，要麼像李白那樣，十五歲就能仗劍遠遊、吟詩作賦，要麼像白居易那樣十六歲就能寫出〈賦得草原送別〉等等。而唐伯虎則是少年就詩書畫在當地名聲遠播。當時有這樣一個故事，十三歲那年，有一個遠近聞名的大才子祝枝山，也就是祝允明，來到唐伯虎家的餐館喝酒。當他看見店中牆上的畫後，很是喜歡，並向店主付錢購買。誰知老闆，也就是唐伯虎的父親推辭道：「這些都是我犬子的戲作，根本不值錢，客官要是喜歡，儘管拿去。」祝枝山一聽這畫竟是個孩子畫的，好奇心大發，就問店家：「我能否見一見這作畫的孩子呢？」於是，唐伯虎就被父親帶到祝枝山面前。經過一番攀談，祝枝山發現唐伯虎有真材實料，便生了愛才之心，從此打算對其好好培養。之後，祝枝山常到唐伯虎家做客，並將唐伯虎推薦給繪畫大家沈石田，讓他教其專心致志正式學畫。

唐伯虎自此更為努力了，才華也日益增進。這樣順風順水的生活，一直持續到唐伯虎二十五歲。一四九四年，唐伯虎的父親去世，緊接著他的母親、妻子、兒子、妹妹也相繼病故。養家的重擔，頓時落在了毫無社會經驗的唐伯虎身上。

這時的唐伯虎，才深刻體會悲傷與痛苦，再加上沒有經商經驗，坐吃山空，生活也愈

來愈不容易，不到二十六歲，唐伯虎頭上已增加多處白髮。一個人經過了挫折，必定會有所奮發。在好友祝允明的規勸下，唐伯虎振作精神，潛心讀書，希望通過科舉得到功名。

三年過去，二十九歲的唐伯虎準備充分，信心勃勃，他騎馬來到南京，參加了全省舉辦的鄉試，並獲得第一名，也就是俗稱的解元，自此，唐伯虎聲名更盛。

科舉作弊毀前途

然而，命運又對唐伯虎開了一個玩笑，這點類似於曾獲得過秀才考試第一的蒲松齡。自此，唐伯虎再也沒能有好運。

提到這個玩笑，還要談到一個人，他就是徐霞客。到底有什麼淵源呢，且待筆者慢慢敘述。

現在很多人，每到週末都會選擇自駕遊。文人們取名叫采風，老百姓則叫它旅遊。提到旅遊，我們就不得不提到一個骨灰級的大咖，這個人是旅遊者的祖師爺徐霞客。徐霞客有一本很有名的書叫《徐霞客遊記》，是當前導遊們必讀的經典。今天，我們談的不是這本書，而徐霞客的背景。徐霞客的曾祖父名叫徐經，是江蘇省無錫市的一個大地主、人士豪。當年，徐經非常仰慕唐伯虎的才華，便主動提出與其結伴，一起去京城參加科舉考試。最開始，唐伯虎並不願意，但徐經說，你一個人很孤單，再加上我有很多僕人，帶了許多錢財，到了京城包你一切開銷。唐伯虎看在錢的份上，才答應了徐經的請求。

他們進京考試的那一年是弘治十三年（一五〇〇年），當時的京城會試主考官為程敏政和李東陽。兩人都是大明朝有名的文壇大咖，才高八斗，出題的難度就可想而知了，當年的考題對學子來說十分冷僻。參加考試的學子，大多無法作答，而令人意外的卻有兩張試卷，答題貼切，且文辭優雅，作為主考官的程敏政得知情況後，竟脫口而出：「此兩張卷子定為唐寅、徐經所做。」這叫「說者無意，聽著有心」。有些人迅速將這話傳播開來，很快就蜚語滿城，盛傳「江陰富人徐經賄金預得試題。」

這時，作為監督部門的戶科給事華昶便藉機彈劾主考程敏政漏題，這事也牽連到了唐伯虎。明孝宗得知情況後，敕令程敏政不得閱題，並派遣大學士李東陽，會同其他試官進行復審，最後證明徐、唐兩人皆不在錄取之中。此次雖然鬧了一個烏龍，但輿論鬧得很大，以至無法收場。朝廷為了平息輿論，令錦衣衛祕密審訊調查，雖然沒有抓到程敏政漏題的證據，但也查到他的一些違規。比如，土豪公子徐經到京城時，拜訪了主考官程敏政，還送了見面禮，並且禮遇不薄。同時，唐伯虎也曾用一枚金幣向程敏政乞文。於是，處置很快下來了，徐經和唐伯虎均遭削除仕籍，發縣衙為小吏。

主考官程敏政罷官還家，不久便憤鬱發疽而亡。唐伯虎恥於當小吏，未去就職，自此消

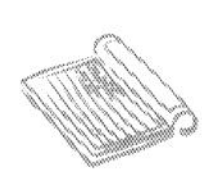

極頹廢，不再科舉。而徐經也從此告別仕途，連他的後代也專心經商，不問前程。於是，才有了後來的徐霞客旅遊大好河川，為我們留下了一本珍貴的作品——《徐霞客遊記》。

風流才子點秋香

唐伯虎回到老家，與妻子反目，家庭生活不太和諧。於是，他借酒消愁，常常到處遊玩，以解無趣和煩惱的生活。

有一次，唐伯虎到茅山去進香，路過無錫市。晚上，他去看燈會，偶然見到了人群中一個美妙絕倫的女子，當女子回眸一笑，他的心就被偷走了。這一場景，辛棄疾似乎寫過，「驀然回首，那人卻在燈火闌珊處」。當代女詩人席慕蓉也寫過「前世五百次的回眸，才換來今生的一次相遇」。於是，該發生的事就要發生了。唐伯虎見到這個美妙女子，就「除卻巫山不是雲」，拋開一切，跟著這個姑娘往前走去，直到走到了一處豪華的府苑。原來，這就是鼎鼎大名的華學士的家，而姑娘就是該府的女婢。

一見鍾情，在這一刻流露無遺。為了能追求到姑娘，唐伯虎想盡了一切辦法。最後，他決定透過應聘的方式進入華府，做了一名書童，被華府改名為華安。畢竟唐伯虎是有才之人，在府中沒多久，就受到了主人的寵愛和信任。

文、祝二人許久不見唐伯虎，到處找他。經過多方打聽，他們才得知唐伯虎在華府做

事，便相伴來到無錫，親自到華府拜見。見了唐伯虎之後，得知緣由，自是一片揶揄。

大家認為，唐伯虎一直在華府待下去，也不是辦法，最後商量了一個對策，請求華學士答應幫華安挑選一個婢女作為妻子。緊接著，點秋香的典故就開始了。這天，華夫人將華府所有的婢女都集合起來，讓她們站在大廳裡供唐伯虎挑選。然而，從頭到尾看了一遍，就是不見秋香的身影，唐伯虎仍不放棄，對華夫人說：「既承恩典，我想看到全部婢女。」這時，站在身旁的兒媳婦提醒華夫人：「秋香被您差去後花園了。」華夫人這才明白過來，叫人把秋香喚到大廳，秋香出現，唐伯虎這才滿意。當天夜裡，他就帶著秋香私奔到了祝家。

第二天，秋香與華安私奔的消息就傳遍了華府，華學士趕忙派人去祝家詢問，誰知華安說秋香不在自己府內，在唐伯虎家呢。此時華學士才恍然大悟，原來自己的書童華安，就是大名鼎鼎的唐伯虎，這才親自到唐府拜訪，從此兩家結為親家，往來不斷。

當然，這個故事是虛構的。真實的歷史史料，是沒有這樣的記載。這只不過是文人雅士，為了博人眼球，編造的一些傳奇供人娛樂罷了。後來周星馳的電影，也是根據這些傳說進行了加工，為故事增加不少喜劇色彩。

賣畫為生才歸塵土

再後來，唐伯虎在蘇州的生活已經沒有少年的舒適和愉悅了。京城科舉一事對他打擊很深，使其喪失了年輕時的銳氣。唐伯虎開始變得消沉，借酒消愁，唯有字畫解憂。

之後，隨著字畫的大受歡迎，錢財越來越多，終於在正德二年（一五〇七年），三十八歲的唐伯虎築起了自己的別墅，取名為桃花庵，他還寫了一首詩〈桃花庵歌〉，非常著名：「桃花塢裡桃花庵，桃花庵下桃花仙。桃花仙人種桃樹，又摘桃花換酒錢。」除了這首，唐伯虎在桃花庵裡，還創作了其他作品，比如詩歌〈言志〉：「不煉金丹不坐禪，不為商賈不耕田。閒來就寫青山賣，不使人間造孽錢」等。

明嘉靖二年（西元一五二四年），唐伯虎走完了他五十四年的人生。一代天才就這樣結束了曲折的歲月。雖然科舉仕途並不順心，雖然愛情生活並不圓滿，雖然人生命運人多坎坷，但是唐伯虎的才華得到了後世的最大認可和廣泛流傳，他的詩歌正如林中的花、鳥、葉，充滿著勃勃生機，並奔放地蔓延開來。

文到尾聲，我們再說一說唐伯虎的書面用名，他其實叫唐寅。唐伯虎如何而來，是因為他性格疾惡如仇，憤世嫉俗，又在政治鬥爭中屢次慘敗，看透官場的黑暗後，他特為自己刻下一枚印章，印章上把唐寅改成了「伯虎」，用來表示對惡勢力的抗爭。「伯虎」一典出自唐代封演的《聞見錄》，書中有「魍魎精怪畏懼虎與伯」之說。為此，《論印絕句》還特別寫詩對其進行了讚揚：「六如居士最清狂，兩字曾傳『伯虎』章。想見罔良（通「魍魎」）遮白日，疾邪聊示鐵肝腸。」

電子書購買

國家圖書館出版品預行編目資料

天才鑑定歷史檔案：十歲當官、七步成詩，古時候的資優神童到底有多狂？/ 賈飛著 . -- 第一版 . -- 臺北市：崧燁文化事業有限公司, 2022.05
面； 公分
POD 版
ISBN 978-626-332-349-0(平裝)
1.CST: 人物志 2.CST: 中國
782.2　　111006321

天才鑑定歷史檔案：十歲當官、七步成詩，古時候的資優神童到底有多狂？

臉書

作　　者：賈飛
發 行 人：黃振庭
出 版 者：崧燁文化事業有限公司
發 行 者：崧燁文化事業有限公司
E-mail：sonbookservice@gmail.com
粉 絲 頁：https://www.facebook.com/sonbookss/
網　　址：https://sonbook.net/
地　　址：台北市中正區重慶南路一段六十一號八樓 815 室
Rm. 815, 8F., No.61, Sec. 1, Chongqing S. Rd., Zhongzheng Dist., Taipei City 100, Taiwan (R.O.C)
電　　話：(02)2370-3310　　傳　　真：(02) 2388-1990
印　　刷：京峯彩色印刷有限公司（京峰數位）
律師顧問：廣華律師事務所 張珮琦律師

定　　價：250 元
發行日期：2022 年 05 月第一版
◎本書以 POD 印製